AF600944

COURS ÉLÉMENTAIRE
DE
DROIT CIVIL.

COURS ÉLÉMENTAIRE

DE

DROIT CIVIL.

PAR G. V. VASSELIN,

ANCIEN DOCTEUR EN DROIT DE LA FACULTÉ DE PARIS.

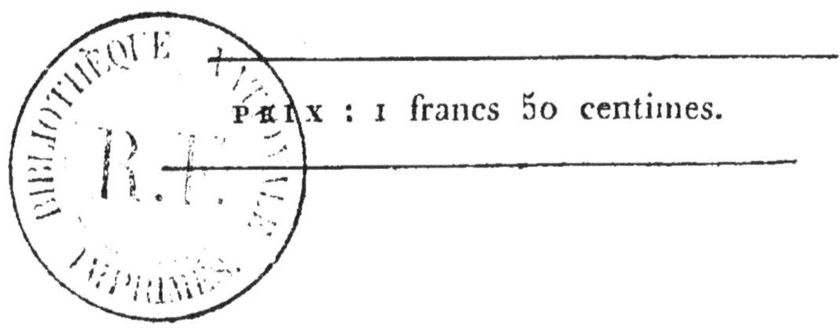

PRIX : 1 francs 50 centimes.

A PARIS,

DE L'IMPRIMERIE DE BRASSEUR.

AN IX. — 1801.

N'EST-CE que cela ? Mais vous ne nous apprenez rien de nouveau : tout ce que vous nous dites se trouve presque mot à mot dans Pothier, Domat, Ferrierre, etc.... Tel fut l'accueil que me fit un de mes amis, après avoir lu mon premier cahier.

— Je serais bien fâché d'avoir fait autre chose. Mais j'ai fait tout ce que je voulais, et ce que je devais, si j'ai rassemblé en peu de pages la quintessence de plusieurs volumes de ces illustres auteurs. Que direz-vous donc de mon second cahier, qui n'est autre chose que l'analyse exacte du fameux traité des obligations de Pothier?

— Où est le mérite d'un pareil ouvrage?

— Dans son utilité. Quelque parfait que soit le traité des obligations de Pothier, vous conviendrez que la plupart des commençans s'y reprendront à cinq et six fois avant d'arriver à la moitié du premier volume; et qu'il leur faudra relire plusieurs fois l'ouvrage avant de s'en approprier les principes sans confusion.

— Ils comprendront donc mieux votre extrait ?

— Oui : parce qu'il est réduit aux seuls élémens de la chose. Ils l'apprendront par cœur, et, sans l'avoir cherché, ils trouveront dans leur mémoire un cadre dans lequel se placeront insensiblement toutes les idées de détail dont la multitude les avait épouvantés. Ils reprendront alors le traité de Pothier ; ils le liront sans aucun obstacle ; ils seront préparés à tous les développemens qu'ils devineront en quelque sorte ; ils concevront tout l'ouvrage d'un seul coup-d'œil, et saisiront à la fois l'ensemble et les moindres détails. Alors, s'ils ont eu soin de lire la plume à la main, ils pourront fermer l'ouvrage et le recomposer d'eux-mêmes, presque dans les mêmes termes.

— Qu'en résultera-t-il ?

— Qu'ils sauront déjà quelque chose et le sauront bien. Je les conduirai de suite aux autres ouvrages de Pothier ; et quand ils se borneraient à ce seul auteur pour la partie des choses, leur resterait-t-il beaucoup à apprendre. Nous suivrons la même méthode pour les personnes et les actions. Quant aux personnes, il n'y a, pour ainsi dire, que des textes de loi à lire et méditer. Sur les actions, nous avons un ouvrage véritablement parfait, et qui ne laisse rien à desirer : je veux parler de la procédure civile de Pigeau. Nous essaierons également de le réduire à ses termes élémentaires ; ce qui ne dispensera pas les élèves de le lire tout entier, mais leur donnera les moyens de n'en passer aucune ligne sans l'entendre aussi bien que Pigeau lui-même.

— Ainsi, lorsqu'on aura lu vos six cahiers, on saura tout le fond du droit.

— Non, certainement; mais on connaîtra d'une manière imperturbable les principes fondamentaux ; on pourra lire familièrement les auteurs même les plus diffus et les plus abstraits ; on saura surtout étudier seul : et c'est tout ce que je veux montrer à mes élèves.

COURS ÉLÉMENTAIRE

DE

DROIT CIVIL.

SECOND CAHIER.

INTRODUCTION.

Le principe le plus général, le moins susceptible d'exceptions, et que nos premières leçons ont le plus solidement établi, c'est que, pour fonder soit la nue détention, soit la possession, soit la propriété, soit un droit réel, il faut un titre dont la nature particulière détermine l'espèce de droit que nous pouvons avoir sur les choses.

On ne peut se faire un titre à soi-même que pour les choses qui n'ont jamais appartenu à personne, ou dont l'ancien maître a volontairement abdiqué la possession et la propriété, ou dont il n'est plus possible de retrouver le véritable propriétaire, comme par l'occupation proprement dite, l'invention, la spécification, l'accession artificielle, et la commixtion qui a lieu par la volonté d'un seul maître.

Mais tout ce qui est actuellement dans le commerce, tout ce qui a, sinon un maître, du moins un possesseur, ne peut passer d'une main dans une autre, à quelque titre que ce soit, que par l'une de ces trois voies : *obligations*, *successions*, *testamens*.

Nous traiterons successivement de ces trois moyens de transmissibilité des choses particulières, en commençant par les obligations.

Je suivrai, comme dans mon premier cahier, la marche et les erremens des anciens jurisconsultes. Ce n'est pas qu'il ne me fût possible et même facile de me faire une nouvelle méthode, et d'imaginer de nouvelles classifications : mais en serais-je plus clair? instruirais-je mieux? atteindrais-je mon but plus promptement? Je ne le crois pas. Quant au mode d'enseignement, la jurisprudence est, selon moi, une science de tradition, dont on ne peut guère dénaturer les formules sans altérer la doctrine. Le maître qui, sans y être contraint par un changement dans la jurisprudence elle-même, changerait l'ancienne distribution des principes, semblerait changer les principes eux-mêmes; à moins que son ouvrage ne fût assez instructif par lui-même, pour suppléer à la lecture des anciens auteurs. Mais moi qui ne veux que disposer les jeunes gens à l'étude de nos grands maîtres, je dois suivre les sentiers qu'ils nous ont tracés, à moins qu'ils ne soient devenus tout à fait impraticables.

PREMIÈRE LEÇON.

DES OBLIGATIONS.

PARAGRAPHE PREMIER.

Des obligations en général.

On appelle *obligation* un lien de droit ou d'équité, ou de tous les deux, par lequel quelqu'un est tenu de faire, de ne pas faire, ou de donner quelque chose.

Des choses qui sont de leur essence.

Trois choses sont de l'essence des obligations : 1°. Une cause d'où elles naissent; 2°. des personnes entre qui elles aient lieu ; 3°. un objet qui en soit la matière.

Des causes d'où elles naissent.

Les causes des obligations se réduisent à quatre : les contrats, les quasi-contrats, les délits et les quasi-délits. Nous traiterons de chacune séparément en détail, après avoir épuisé ce que nous avons à dire des obligations en général.

Des personnes entre qui elles ont lieu.

Pour former une obligation, il faut le concours de deux personnes au moins, dont l'une se trouve engagée à quelque chose envers l'autre. On appelle *débiteur*, ou *promettant*, celui qui a contracté l'obligation, et *créancier*, ou *stipulant*, celui au profit de qui elle est passée. Quelquefois les deux contractans sont respectivement débiteurs et créanciers.

Des objets qui en peuvent être la matière.

Toutes les choses qui sont dans le commerce sont susceptibles de devenir des objets d'obligation. Cette règle s'applique non-seulement aux choses qui composent un corps certain et déterminé, mais encore à des choses indéterminées. Néanmoins, pour qu'une chose indéterminée donne lieu à une obligation, il faut qu'elle soit d'une certaine détermination morale, comme quand on a promis une bague de diamans, une montre d'or en général. Autrement, si cette chose était telle qu'elle pût être réduite à presque rien, il ne pourrait pas y avoir d'obligation, attendu que, dans l'ordre moral, presque rien est considéré comme rien. Ainsi, dans le cas où l'on promettrait de donner de l'argent, des légumes, du papier, il ne résulterait de cette stipulation aucune obligation, parce que tout cela pourrait se réduire à presque rien, comme à un centime, à une fève, à une feuille de papier.

Les choses qui n'existent pas encore peuvent aussi être l'objet d'une obligation, pourvu que l'obligation soit subordonnée à leur existence. Je puis vendre le vin que j'espère recueillir cette année; mais si mes vignes gèlent, et qu'il n'y ait point de vendange, l'obligation est nulle, faute d'une chose qui en soit l'objet.

Une obligation est même valablement contractée pour les choses qui n'appartiennent pas à celui qui les promet. Le débiteur doit les acheter du vrai propriétaire pour les livrer aux créanciers; sinon, il est tenu des dommages et intérêts résultans de l'inexécution de sa promesse.

Tous les faits qui sont d'une exécution possible peuvent être l'objet d'une obligation, quand même cette exécution serait impossible à celui qui s'est obligé. Il faut en excepter, 1°. les faits qui sont contraires aux lois et aux bonnes mœurs; 2°. les faits indéterminés; 3°. les faits à l'exécution desquels le créancier n'a point d'intérêt appréciable.

§ II.

Des différentes espèces d'obligations.

Sans entrer dans le détail des divisions qui, trop multipliées, deviennent nécessairement défectueuses, j'exposerai seulement les principales obligations qui passent sous nos yeux le plus journellement. La plupart ne veulent qu'être définies; quelques-unes exigent des développemens. Je rassemblerai les premières sous un seul article; je traiterai séparément de chacune des autres.

De celles qui n'ont besoin que d'être définies.

On appelle, 1°. obligation purement naturelle, celle qui n'engage que par les liens du droit naturel et de l'équité, et qui ne produit pas d'action, selon le droit civil : telle est l'obligation du fils de famille, lequel ne laisse pas d'être obligé naturellement, quoiqu'on ne puisse pas le contraindre.

2°. Obligation purement civile, celle qui descend de la loi, mais qui peut être détruite par quelque exception péremptoire, au moyen de laquelle cette obligation devient sans effet : telle est celle extorquée par dol ou par violence.

3°. Obligation mixte, ou naturelle et civile tout à la fois, celle qui forme en même tems un lien naturel et civil, force le débiteur à remplir son engagement, et donne au créancier une action pour le contraindre.

4°. Obligation personnelle, celle qui engage principalement la personne, et dans laquelle l'obligation des biens n'est qu'accessoire à l'obligation personnelle.

5°. Obligation réelle, celle qui a pour objet principal un immeuble comme dans le bail à rente, où l'héritage est la principale chose qui soit affectée à la rente.

6°. Obligation spéciale, celle qui ne porte que sur certains biens seulement.

7°. Obligation générale, celle par laquelle celui qui s'engage oblige tous ses biens, meubles et immeubles, présens et à venir. On ne peut plus aujourd'hui engager ses biens à venir ; nous parlerons plus amplement de cette disposition de nos lois nouvelles, au contrat des hypothèques.

8°. Obligation principale, celle du principal obligé, à la différence de celle de ses cautions et fide-jusseurs, lesquels ne sont obligés qu'accessoirement et pour plus de sûreté.

9°. Obligation accessoire, celle qui a lieu pour corroborer une obligation principale. Nous en traiterons en parlant du nantissement, du cautionnement et des hypothèques.

10°. Obligation pure et simple, celle qui n'est restreinte par aucune condition, ni terme.

11°. Obligation causée, celle dont la cause est exprimée dans l'acte, comme cela doit être pour la validité de toute obligation.

12°. Obligation sans cause, celle où l'obligé n'exprime aucune cause de son engagement. Toute obligation semblable est nulle.

13°. Obligation *ad dandum*, celle par laquelle on s'engage à donner quelque chose.

14°. Obligation *ad faciendum*, celle qui consiste

à faire quelque chose, comme à bâtir ou réparer une maison, à fournir des pièces, etc.

15°. Obligation verbale, celle qui se fait de vive voix et sans écrit.

16°. Obligation écrite, celle qui est rédigée par écrit, soit sous seing-privé, soit devant notaire, ou qui résulte d'un jugement.

17°. Obligation confuse, celle qui est éteinte en la personne du débiteur ou du créancier, par le concours de quelque qualité ou obligation passive qui anéantit l'action.

18°. Obligation authentique, celle qui est passée devant un officier public, ou qui résulte d'un jugement.

Ces différentes obligations ou s'expliquent d'elles-mêmes, ou trouveront leurs développemens dans la discussion des différens contrats. Mais, pour l'intelligence générale de cette matière, je dois, dès à présent, parler avec plus de détails des obligations conditionnelles, résolubles, à terme, dividuelles, individuelles, alternatives, solidaires, indéterminées et pénales.

SECONDE LEÇON.

§ III.

Des obligations conditionnelles.

Une obligation conditionnelle est celle qui est suspendue par le non accomplissement de la condition sous laquelle elle a été contractée, et s'évanouit par la défaillance de la condition.

Des différentes espèces de conditions.

On entend par *condition* le cas d'un évènement futur et incertain, qui peut arriver ou ne pas arriver, duquel on fait dépendre l'obligation.

Les conditions suspensives d'une obligation sont de cinq espèces : positives, négatives, potestatives, casuelles ou mixtes.

On appelle condition *positive*, celle qui consiste dans le cas auquel quelque chose qui peut arriver, ou ne pas arriver, arrivera :

Négative, celle qui consiste dans le cas auquel quelque chose qui peut arriver, ou ne pas arriver, n'arrivera pas :

Potestative, celle qui est au pouvoir de celui au profit de qui l'obligation est contractée :

Casuelle, celle qui dépend du hasard, et n'est nullement au pouvoir du créancier :

Mixte, celle qui dépend du concours de la volonté du créancier, et de celle d'un tiers.

§ IV.

Des qualités requises dans une condition suspensive.

Quatre choses sont requises pour qu'une condition ait l'effet de suspendre une obligation :

1°. Que ce soit la condition d'une chose future. Une obligation contractée sous la condition d'une chose passée ou présente, quoique ignorée des contractans, n'est pas proprement une obligation conditionnelle.

2°. Que la condition soit d'une chose qui peut arriver ou ne pas arriver. La condition d'une chose qui arrivera certainement n'est pas proprement une condition, et ne suspend pas l'obligation ; elle en diffère seulement l'exigibilité, et n'équipolle qu'à un terme de paiement.

3°. Que ce soit la condition d'une chose possible, licite et non contraire aux bonnes mœurs. La condition de faire un triangle sans angles, de déshériter ses enfans, d'aller tout nu dans les rues, frappe l'obligation de nullité.

4°. Qu'elle ne détruise pas la nature de l'obligation.

Telle serait celle qui ferait dépendre l'obligation de la pure et seule volonté de celui qui s'engage.

§ V.

De l'effet des conditions suspensives.

L'effet des conditions qui réunissent ces quatre qualités est de suspendre l'obligation jusqu'à ce que la condition soit accomplie. Jusque là, il n'est encore rien dû ; il y a seulement espérance qu'il sera dû. Delà, il suit :

1°. Que le paiement fait par erreur, avant l'accomplissement de la condition, est sujet à répétition.

2°. Que si la chose, qui faisait l'objet de l'obligation, vient à périr entièrement avant l'accomplissement de la condition, l'obligation est anéantie, faute d'une chose qui en soit l'objet.

3°. Que la chose qui existe, au tems de l'accomplissement de la condition, est due au créancier dans l'état où elle se trouve. Il profite de son augmentation, et souffre de sa détérioration.

§ VI.

De l'accomplissement des conditions suspensives.

Les conditions sont réputées accomplies, savoir : celles positives, lorsqu'elles sont arrivées de la manière dont les parties l'ont entendu, et dans l'espace de tems déterminé pour leur accomplissement; celles négatives, lorsque le tems déterminé est expiré sans que la chose soit arrivée, ou faute de tems préfix, lorsqu'il est devenu certain que la chose n'arrivera pas; toutes, lorsque le débiteur en a empêché l'accomplissement.

§ VII.

Du cas où plusieurs conditions ont été apposées.

Si plusieurs conditions ont été apposées à une obligation, il faut distinguer si elles sont séparées par une particule disjonctive, ou par une particule conjonctive. Dans le premier cas, il suffit qu'une seule des conditions s'accomplisse pour que l'obligation soit parfaite; dans le second cas, l'obligation est suspendue jusqu'à ce que toutes les conditions soient accomplies.

§ VIII.

De l'indivisibilité de l'accomplissement des conditions.

Mais l'accomplissement de toute condition est indivisible, quand même ce qui en fait l'objet serait quelque chose de divisible. Si donc vous vous êtes engagé à me donner telle maison, lorsque je vous aurais payé dix mille francs, je puis bien vous donner les dix mille francs en plusieurs paiemens, mais vous n'êtes tenu à me délivrer la maison qu'après le paiement total des dix mille francs.

§ IX.

De la rétroactivité des conditions accomplies.

Au surplus, l'accomplissement de la condition donne à l'obligation un effet rétroactif jusqu'au jour où elle a été contractée. Delà, si le créancier meurt avant l'existence de la condition, quoiqu'il n'eût pas encore un droit de créance formé, mais une simple espérance, néanmoins, si la condition existe depuis sa mort, il sera censé avoir transmis à son héritier le droit de créance résultant de l'engagement contracté envers lui, parce qu'au moyen de l'effet rétroactif de la condition, le droit sera réputé lui avoir été acquis dès le tems du contrat, et par conséquent avoir été transmis à son héritier.

§ X.

Des obligations résolubles.

Les obligations résolubles sont celles qui cessent d'être exigibles par l'avènement de telle condition, ou l'expiration d'un certain tems. Par exemple, je me suis engagé à vous donner dix mille francs pour mon père, jusqu'à la conclusion de la paix. La condition de la paix n'empêche pas que mon obligation ne soit parfaite dès l'instant du contrat, et que vous ne puissiez exiger de moi le paiement de cette somme; mais si la paix est conclue avant que je vous ai payé les dix mille francs, ou que j'aie été mis en demeure de le faire, mon obligation cesse d'être exigible, elle est résolue.

Il en est de même si je me suis porté caution de Pierre vis-à-vis de vous pendant trois ans, je cesse d'être obligé pour Pierre à l'expiration des trois années.

§ X I.

Des obligations à terme.

Les obligations à terme sont celles qui ne sont exigibles qu'à l'expiration d'un certain espace de tems accordé au débiteur pour s'acquitter.

Du terme de droit, — de grace.

Le terme est de droit, ou de grace.

Il est de droit lorsqu'il fait partie de la convention même stipulée entre les contractans.

Il est de grace lorsqu'il n'a été accordé que par les tribunaux, à la réquisition du débiteur.

De l'effet du terme.

L'effet du terme n'est pas, comme celui de la condition, de suspendre l'engagement, mais seulement de différer l'exigibilité de la dette. Et comme il n'est présumé accordé par le créancier, qu'en raison de sa confiance dans la solvabilité du débiteur, il s'ensuit que, si dans l'intervalle le débiteur vient à faillir, le porteur d'une obligation à terme non échue a le même droit que les créanciers de dettes exigibles à la distribution des deniers.

Des effets particuliers du terme de droit.

Le terme de droit a un effet qui lui est propre et particulier, c'est que celui qui doit de cette manière peut refuser la compensation à son créancier, contre lequel il a une créance de pareille somme exigible. Il n'en est pas ainsi du terme de grace : il arrête bien les poursuites du créancier, mais il n'exclut pas la compensation.

De la réunion du terme à une condition.

Il arrive quelquefois qu'une obligation soit tout à la fois sous condition et à terme. Il faut alors distinguer : ou le terme n'est apposé qu'à la condition, ou il l'est aussi à l'obligation. Dans le premier cas, l'accomplissement prématuré de la condition avance l'échéance du terme. Au second cas, l'obligation n'échet qu'à l'expiration du terme.

TROISIÈME LEÇON.

§ XII.

Des obligations alternatives.

Une obligation alternative est celle de deux choses promises sous une disjonctive, ou autrement par laquelle quelqu'un s'oblige à donner ou à faire plusieurs choses, à la charge que le paiement d'une seule l'acquittera de toutes.

De leur caractère distinctif et de leurs effets.

A moins que le contraire n'ait été formellement convenu, le choix de la chose à payer appartient au débiteur, mais il doit payer toute une ou toute autre; il n'est point libéré par le paiement de moitié de l'une et de moitié de l'autre.

Jusqu'au paiement, le débiteur ne doit déterminément ni l'une ni l'autre des choses promises : toutes sont dues indéterminément. D'où il suit:

1°. Que le créancier, pour procéder régulièrement, doit demander toutes les choses promises, non pas conjointement, c'est-à-dire, telle *et* telle chose, mais sous la disjonctive portée en l'obligation, c'est-à-dire, telle *ou* telle chose.

2°. Qu'une obligation n'est pas alternative, lorsque l'une des choses promises n'était pas susceptible de l'obligation qui a été contractée ; en ce cas, l'obligation est déterminée pour la chose qui en était susceptible.

3°. Que, lorsque plusieurs choses sont dues sous une alternative, l'extinction de l'une desdites choses n'éteint pas l'obligation ; toutes étant dues, l'obligation subsiste dans celles qui restent, et elles ne peuvent cesser d'être dues que par le paiement d'une.

4°. Que, tant que les choses dues sous une alternative subsistent, l'obligation demeure indéterminée et incertaine ; elle n'est déterminée à l'une des choses promises, que par le paiement qui en est fait. Ainsi, lorsqu'un immeuble et une chose mobiliaire sont dus sous une alternative, la nature de la créance reste en suspens.

En quoi elles diffèrent de la clause de pouvoir payer une autre chose que celle due?

Évitons, au surplus, de confondre avec les obligations alternatives, celles contractées sous la clause de pouvoir payer certaine chose, à la place de celle qui est due. De cette espèce, serait le legs que vous me feriez d'une maison, si mieux n'aime votre héritier me payer 3000 liv. Il n'y a que la maison qui me soit due. Les 3000 liv. que votre héritier a droit de me payer, au lieu et place de la maison, ne sont pas *in obligatione*, mais seulement *in facultate solutionis*. Si la maison périt et est engloutie par un tremblement de terre, mon débiteur est entièrement libéré. Enfin, la nature de ma créance n'est pas incertaine, elle est constamment immobiliaire, quand même l'héritier prendrait le parti de se libérer avec 3000 liv.; car la nature d'une créance se règle par la nature de la chose due, et non de celle qui peut être payée à la place.

§ XIII.

Des obligations dividuelles.

Une obligation dividuelle est celle qui peut se diviser, quoiqu'elle soit actuellement indivisée : ce qui a lieu, lorsque la chose due, qui en fait la matière et l'objet, est susceptible de division et de parties, pour lesquelles elle puisse être payée.

De la division civile, — réelle, — intellectuelle.

Il n'est pas ici question d'une division physique, qui consiste dans la solution de continuité, *in solutione continuitatis*, comme celle d'une planche que l'on scie en deux; il ne sagit que d'une division civile et propre au commerce des choses.

Il y a deux espèces de divisions civiles :

L'une qui se fait en parties réelles et divisées, par exemple : celle d'un arpent de terre que l'on partage par une haie.

L'autre qui se fait en parties intellectuelles et indivisées, comme celle d'un fauteuil, d'un cheval, qui ne sont pas susceptibles de parties réelles, sans que leur substance soit détruite, mais qui peuvent appartenir à plusieurs personnes par indivis. Il suffit qu'une chose soit susceptible de la seconde division, pour que l'obligation soit dividuelle.

Comment s'opère la division?

La division s'opère soit du côté du débiteur, soit de celui du créancier, soit des deux côtés, lorsqu'il y a plusieurs héritiers de l'un ou de l'autre, ou de tous les deux.

Du premier effet de la division d'une dette.

Le premier effet de cette division est que chaque héritier du débiteur n'est tenu de la dette que pour sa part proportionnelle dans la succession.

Ce principe néanmoins souffre plusieurs exceptions:

1°. A l'égard des dettes hypothécaires. Lorsque les héritiers du débiteur sont possesseurs d'immeubles hypothéqués à la dette, quoique la dette se divise entre eux, et qu'en conséquence ils ne soient tenus de l'action personnelle qui résulte de l'obligation du défunt, que pour la part dont ils sont ses héritiers; néanmoins ils peuvent être poursuivis hypothécairement pour le total de cette dette, comme possesseurs des biens qui y sont hypothéqués.

2°. Lorsqu'il s'agit d'un corps certain qui, par le partage entre les héritiers du débiteur, est échu à l'un d'eux. Tous continuent bien d'être débiteurs, chacun pour sa part; mais, celui dans le lot duquel est tombé ce corps certain peut être condamné au paiement du total, pourvu que le jugement soit rendu commun avec ses cohéritiers, ou pris par défaut contre eux, si le partage ne l'avait pas chargé spécialement de cette dette.

3°. Lorsque la dette consiste dans la restitution d'une chose dont le créancier est propriétaire, et dont le débiteur n'avait que la simple détention. Quoique la chose soit divisible, et qu'en conséquence la dette le soit aussi, néanmoins, celui des héritiers du débiteur, par-devers qui la chose se trouve, est tenu pour le total de cette restitution.

4°. Celui des héritiers, par la faute duquel la chose due a péri, est tenu du total de la dette. En effet, l'obligation principale *rem dividuam dandi* était seule divisible; l'obligation accessoire *præstandi bonam fidem et diligentiam* est indivisible.

5°. Et enfin, quelque divisible que soit une obligation, l'un des héritiers du débiteur peut être tenu pour le total, soit par une convention, soit par une clause du testament du défunt, soit par la sentence du juge qui a fait le partage de la succession.

Hors ces cas, chaque héritier du débiteur n'est tenu des dettes divisibles que pour sa part proportionnelle dans la succession; il n'est même pas tenu subsidiairement du surplus, en cas d'insolvabilité des cohéritiers.

Du second effet de la division d'une dette.

Le second effet de la division d'une dette est que le paiement peut s'en faire par parties, savoir : pour celles qui sont dues à chacun des héritiers du créancier, et pour celles dues par chacun des héritiers du débiteur. Mais ce principe reçoit encore plusieurs exceptions : 1°. Lorsqu'il y a eu convention contraire, lors de l'obligation, ou depuis. 2°. Lorsqu'il résulte de la nature de l'engagement, ou de la chose qui en est l'objet, ou de la fin que l'on s'est proposée dans le contrat, que l'intention réelle des contractans a été que la dette ne pût s'acquitter par parties. 3°. Dans le cas d'une dette alternative ou de choses indéterminées : par exemple, l'un des héritiers de celui qui se serait obligé à donner telle maison ou 10,000 liv., ou qui aurait promis un arpent de terre, sans autre désignation, ne serait pas reçu à payer la moitié de la maison, ou 5000 liv., ni à donner la moitié d'un certain arpent de terre.

Les diverses portions d'une dette divisée ne sont qu'une seule dette.

Observons qu'en si grand nombre de portions que puisse se diviser une dette par la succession de plusieurs à un seul débiteur, ou à un seul créancier, il n'y a toujours qu'une seule dette. La division d'une dette ne fait pas plusieurs dettes, mais seulement plusieurs portions d'une même dette. Et, comme les portions de la dette, ne sont produites que par la multiplicité des personnes à qui elle est due, ou qui la doivent, cette multiplicité des personnes venant à cesser, il cesse d'y avoir dès parties dans la dette. Par conséquent, la division de la dette cesse, et elle ne peut pas être payée par portions : *Cessante causâ, cessat effectus.* Si donc un débiteur et un créancier ont laissé chacun plusieurs héritiers, et que, de tous ces héritiers, un seul ait survécu de chaque côté, succédant seul à tous ses cohéritiers; comme il n'y a plus qu'un seul débiteur et un seul créancier, il n'y a plus de portions dans la dette; elle n'est plus dividuelle.

QUATRIÈME LEÇON.

§ XIV.

Des obligations individuelles.

Les obligations individuelles sont celles de choses indivisibles, c'est-à-dire, qui ne sont susceptibles ni de parties réelles, ni même de parties intellectuelles. Telles sont la plupart des servitudes prédiales.

Des trois espèces d'indivisibilité.

Il y a trois espèces d'indivisibilité :

1°. Celle absolue, *individuum, contractu* : c'est ainsi qu'est indivisible l'obligation d'un droit de passage ou de toute autre chose semblable, qui, en elle-même, par sa nature, et dans quelque espèce qu'on la considère, n'est pas susceptible de parties.

2°. L'indivisibilité d'obligation, *individuum obligatione* : elle a lieu dans les obligations de choses qui, à parler rigoureusement, ne sont pas indivisibles de leur nature, mais qui sont telles par l'intention des parties, et dans l'esprit du contrat. Par exemple : la construction d'une maison n'est pas quelque chose d'indivisible en soi-même. Mais si vous en avez contracté l'obligation envers moi, vous n'êtes pas libéré même d'une partie de votre obligation par la construction d'une partie de la maison. Votre obligation est toujours entière, tant que la maison entière n'est pas construite.

3°. L'indivisibilité de paiement, *individuum in solutione* : de ce genre est l'obligation d'un corps certain, qui, divisible en elle-même, peut être due par parties, soit aux différens héritiers du créancier, soit par les différens héritiers du débiteur, mais ne peut être payée par parties.

De l'effet de l'indivisibilité d'une obligation.

L'indivisibilité d'une obligation a cet effet que la chose stipulée est due par chacun des héritiers du créancier : ce qui établit quelque ressemblance entre les obligations indivisibles et les obligations solidaires, dont nous parlerons dans le paragraphe XVI.

En quoi les obligations individuelles diffèrent-elles des obligations solidaires?

Il y a néanmoins deux différences essentielles entre ces deux espèces d'obligation.

Premièrement : l'indivisibilité venant de la chose due, qui n'est pas susceptible de parties, est une qualité réelle de l'obligation qui passe avec cette qualité aux héritiers, et qui fait que chacun des héritiers du débiteur est débiteur pour le total. La solidité, au contraire, venant du fait des personnes qui se sont obligées chacune pour le total, est une qualité personnelle qui n'empêche pas que cette obligation solidaire ne se divise entre les héritiers de chacun des débiteurs solidaires qui l'ont contractée, et entre les héritiers du créancier.

En second lieu : la solidité ne procédant pas de la qualité de la chose due, mais du fait personnel des co-débiteurs, ils sont débiteurs de la chose, non-seulement pour le total, mais *totaliter*, sans retranchement, à titre universel. De là, si l'obligation primitive se convertit en une obligation secondaire, ils sont tenus solidairement de celle-ci, comme de la première. Tandis que l'indivisibilité ne procédant que de la qualité de la chose due, qui n'est pas susceptible de parties, les débiteurs d'une telle obligation doivent, à la vérité, la chose stipulée, chacun pour le total, mais ne la doivent pas *totaliter*, sans restriction, à titre universel. Si donc l'obligation primitive se convertit en obligation secondaire d'une chose divisible, ils n'en sont débiteurs chacun que pour leur part.

Comment s'applique cet effet de l'indivisibilité d'une obligation?

Quoiqu'il en soit, pour appliquer avec justesse ce principe : que l'obligation d'une chose indivisible est due pour le total à chacun des héritiers du créancier, et par chacun des héritiers du débiteur, il faut distinguer entre l'obligation de faire ou de donner, et celle de ne pas faire.

Dans les obligations de faire ou de donner.

Si l'obligation consiste à faire ou à donner quelque chose, ou elle est due par un seul débiteur à plusieurs héritiers d'un créancier, ou elle est due à un seul créancier par plusieurs héritiers d'un débiteur.

Dans le premier cas, chacun des héritiers du créancier peut former sa demande pour toute la chose contre le débiteur; mais si, sur cette demande, le débiteur, faute d'exécuter son obligation, est condamné en des dommages et intérêts, il ne pourra l'être envers chaque héritier que pour la part proportionnelle de chacun dans la succession du créancier.

Dans le second cas, la demande peut être formée contre chacun des héritiers du débiteur pour la chose entière. Mais comme il n'en est pas débiteur *totaliter*, qu'il ne l'est que comme héritier en partie du débiteur, et conjointement avec ses cohéritiers, il suit de là qu'étant assigné, il peut demander un délai pour appeler et mettre en cause ses cohéritiers, et qu'il ne doit être condamné seul que faute, par lui, de les avoir appelés en cause.

Dans les obligations de ne pas faire.

Lorsque l'obligation consiste à ne pas faire, par exemple : si je me suis obligé envers mon voisin à ne point l'empêcher de passer par mes terres ; la contravention, faite par un seul de mes héritiers, donne ouverture à l'action du créancier contre tous mes héritiers, pour qu'il leur soit fait défenses de gêner mon voisin dans l'exercice de son droit, et qu'ils soient condamnés en ses dommages et intérêts ; mais, avec cette différence : que celui qui a fait la contravention y doit être condamné pour le total, attendu qu'il est responsable, non pas seulement comme héritier, mais de son propre fait ; et que les autres héritiers doivent être condamnés, seulement pour leur part proportionelle dans ma succession, parce qu'ils ne sont tenus que comme héritiers.

CINQUIÈME LEÇON.

§ XIV.

Des obligations indéterminées.

Les obligations indéterminées sont celles où la chose due n'est pas spécialement désignée.

Ce qui est absolument indéterminé, comme la promesse de quelque chose en général, ne saurait former une obligation. Mais on peut s'obliger indéterminément à donner une chose d'un certain genre, comme un lit, une table, une montre, sans dire quel lit, quelle table, quelle montre.

De leurs effets.

Dans les obligations de cette espèce, aucune chose n'est due particulièrement et déterminément, mais seulement et en général une chose de tel genre, une chose incertaine, qui ne se déterminera que par le paiement valable qui sera fait de l'un des individus du genre.

D'où il suit :

1°. Que le créancier n'est pas fondé à demander déterminément quelqu'une des choses comprises sous ce genre, mais qu'il doit demander en général et indéterminément une de ces choses.

2°. Que la perte des choses de ce genre, qui survient depuis l'obligation, ne tombe pas sur le créancier; car les choses qui périssent ne sont pas celles qui lui étaient dues, et il suffit qu'il en reste une seule pour que l'obligation subsiste.

3°. Que le débiteur est valablement libéré s'il paie, ou met légalement son créancier en demeure de recevoir une des choses de ce genre, pourvu qu'elle soit bonne, loyale et marchande.

§ XVI.

Des obligations solidaires.

Les obligations solidaires sont celles où plusieurs s'obligent, chacun pour le total, de manière néanmoins que le paiement fait par l'un d'eux libère tous les autres.

Ce qui constitue la solidarité, c'est l'obligation de tous à la prestation d'une seule et même chose. Peu importe, d'ailleurs, que l'un soit obligé purement et simplement, l'autre sous condition, qu'un troisième ait pris terme pour payer, ou que tous aient promis de payer en différens lieux.

Ce n'est que vis-à-vis du créancier qu'existe la solidarité. Entre eux, les débiteurs ne sont tenus que chacun pour sa part, et en raison de son intérêt, dans la chose qui est l'objet de l'obligation.

Quand a lieu la solidarité?

La solidarité peut être stipulée dans tous les contrats, ou être ordonnée par un testament ; mais il faut qu'elle l'ait été formellement. Dans le doute, la présomption est toujours en faveur des débiteurs. Il est des cas, cependant, où la solidarité s'établit sans avoir été expressément stipulée. Telle est celle des associés de commerce contractant quelque obligation pour le fait du commerce social ; celle de plusieurs tuteurs chargés d'une même tutelle, ou de plusieurs gérans d'une même administration publique ; celle enfin de plusieurs personnes qui ont concouru à un délit, et qui toutes sont obligées solidairement à la réparation.

Des effets de la solidarité.

De ce que plusieurs sont débiteurs d'une même chose, chacun pour le total et *totaliter*, c'est-à-dire, solidairement, on peut déduire quatre conséquences principales :

1°. Le créancier peut s'adresser à celui des débiteurs qu'il juge à propos, et exiger de lui, soit par la demande, si la dette ne gît qu'en action, soit par voie de contrainte, si elle gît en exécution, le total de ce qui lui est du.

2°. L'interpellation faite à l'un des débiteurs solidaires interrompt le cours de la prescription contre tous les autres ; car l'interpellation a lieu pour le total de la dette.

3°. Lorsque la chose due a péri par le fait ou la faute de l'un des débiteurs solidaires, ou depuis qu'il a été mis en demeure, la dette est perpétuée, non-seulement contre ce débiteur, mais contre tous ses co-débiteurs, qui sont tous solidairement tenus de payer au créancier le prix de cette chose; car, la dette de chacun d'eux étant une seule et même dette, elle ne peut pas subsister à l'égard de l'un, et être éteinte à l'égard des autres.

4°. Le paiement, quel qu'il soit, fait par l'un des débiteurs, libère tous les autres.

Comment se remet la solidarité ?

La solidarité des débiteurs étant un droit établi en faveur du créancier, il n'est pas douteux que celui-ci ne puisse en faire remise; mais il faut que son intention soit exprimée bien positivement. Néanmoins, cette remise est quelquefois présumée. Par exemple, lorsqu'un créancier donne à l'un de ses débiteurs solidaires quittance *pour sa part* nommément, il ne peut lui rien demander pour le surplus. J'ai dit *pour sa part nommément ;* car, s'il lui a donné seulement quittance de la somme équivalente à sa portion dans la dette solidaire, sans stipuler qu'il le quitte pour sa part, il n'y a point de remise de la solidarité. Si même, à ces mots *pour sa part*, il ajoute ceux-ci : *sans préjudice de mes droits* ou *sans préjudice de la solidarité*, il est présumé s'être réservé expressément le droit de le poursuivre pour le surplus de la dette. Un jugement qui condamne un débiteur solidaire à payer sa part, équivaut à la remise de la solidarité par le créancier. J'ajouterai que la remise de la solidarité, faite en faveur de l'un des débiteurs solidaires, ne profite pas aux autres qui restent toujours tenus solidairement du surplus de la dette.

De la subrogation d'un des débiteurs solidaires aux droits du créancier.

Nous avons vu que le paiement fait par l'un des débiteurs solidaires libère tous les autres; mais cela n'est rigoureusement vrai que vis-à-vis du créancier. Le débiteur qui paye le total peut n'éteindre la dette que pour la part qu'il doit pour lui et sans recours. Il est en droit de se faire subroger aux droits du créancier contre ses codébiteurs pour l'excédant de sa portion contingente dans la dette. Que le créancier accorde ou refuse cette subrogation, la loi la suppose, pourvu qu'il l'ait requise, et qu'il en ait fait la réserve formelle. Alors, pour tout le surplus de ce dont il était débiteur pour lui-même et sans recours, il est subrogé aux actions du créancier, non-seulement contre ses codébiteurs, mais contre leurs cautions, s'ils en ont donné au créancier; il est même subrogé à tous les priviléges et à tous les droits d'hypothèque attachés aux actions du créancier; et il peut les exercer contre les tiers, comme l'aurait pu le créancier lui-même.

Du recours du débiteur non subrogé, contre ses codébiteurs.

La subrogation n'a pas lieu, si elle n'a pas été requise et formellement réservée. Mais le débiteur, qui a payé le total, n'est pas pour cela dépourvu de toute action contre ses codébiteurs. Il a l'action *pro socio*, si la dette a été contractée pour une affaire commune dont tous auraient profité; l'action *mandati*, si la dette a pour cause une donation, ou une affaire dont un seul ait profité; et l'action *utilis negotiorum gestorum*, si la dette procède d'un délit auquel tous les débiteurs ont concouru.

SIXIÈME LEÇON.

§ XVII.

Des obligations pénales.

Les obligations pénales sont celles par lesquelles une personne, pour assurer l'exécution d'un premier engagement, s'engage, par forme de peine, à quelque chose, en cas d'inexécution de cet engagement.

Des choses qui sont de sa nature.

Cinq choses sont dans la nature de cette espèce d'obligations : 1°. Que l'obligation pénale étant, par sa nature, accessoire à une obligation primitive et principale, la nullité de celle-ci entraîne la nullité de l'obligation pénale. 2°. Que la nullité de l'obligation pénale n'entraîne pas celle de l'obligation primitive. 3°. Que l'obligation pénale ayant pour fin d'assurer l'exécution de l'obligation principale, on ne peut jamais supposer que l'intention des contractans ait été ni d'éteindre, ni de résoudre l'obligation principale, ni de la fondre dans l'obligation pénale. 4°. Que la peine n'étant stipulée que dans l'intention de dédommager le créancier de l'inexécution de l'obligation principale, est conséquemment compensatoire des dommages et intérêts qu'il souffre de cette inexécution. 5°. Que la peine peut, lorsqu'elle est excessivement disproportionnée, être réduite et modérée par les tribunaux.

Quand la peine est-elle due?

Lorsque l'obligation principale consiste à ne pas faire quelque chose, la peine est due à l'instant même que le débiteur a fait ce qu'il s'était obligé de ne pas faire. A l'égard des obligations qui consistent à faire ou à donner, la peine n'est encourue qu'après que le débiteur a été mis légalement en demeure de faire ou de donner ce qu'il avait promis.

La peine ne peut être encourue pour partie.

C'est encore un principe général que la peine ajoutée à l'obligation de choses indivisibles, ne peut être encourue que pour la totalité : la dette principale ne pouvant être acquittée pour parties. Les exceptions à cette règle sont très-rares. Il en est de même des obligations dividuelles, tant qu'elles sont encore indivisées ; le débiteur ne peut en offrant à son créancier une partie de ce qu'il lui doit, se soustraire à une partie de la peine.

Exceptions à cette règle.

Mais si le créancier reçoit volontairement une partie de la dette principale, il ne peut plus exiger la peine qu'à proportion et quant à la part pour laquelle l'obligation principale n'est pas exécutée. Cela même a lieu, quoique la peine soit en elle-même quelque chose d'indivisible. Par exemple : vous m'avez promis 10,000 liv. : faute de quoi, vous vous êtes engagé à me donner un droit de servitude sur votre maison. Je reçois de vous 5000 liv. : je puis bien faute du paiement des cinq autres mille liv. vous demander la servitude entière, par ce qu'elle n'est pas susceptible de parties. Mais, je dois en même tems offrir de vous payer la moitié de la valeur, la peine ne m'étant due que pour moitié.

De l'espèce particulière où un seul débiteur laisse plusieurs héritiers.

La question la plus difficile à résoudre sur cette matière, est de savoir si, le débiteur laissant plusieurs héritiers, la contravention faite par l'un d'eux à l'obligation principale fait encourir la peine pour le total et par tous les héritiers. Il faut distinguer : ou l'obligation principale est de choses indivisibles, ou elle est de choses divisibles.

Dans le premier cas, la contravention faite à cette obligation, par un seul des héritiers du débiteur, donne ouverture à toute la peine, non-seulement contre le contrevenant, qui est tenu pour le total, même contre tous ses cohéritiers, qui sont tous tenus de cette peine pour leur part héréditaire, sauf leur recours contre le contrevenant. Il en est ainsi de plusieurs débiteurs principaux qui ont contracté ensemble, sans solidité, l'obligation d'une chose indivisible. La contravention faite par l'un d'eux, oblige tous les autres à la prestation de la peine, chacun pour sa part virile, sauf leur recours; et le contrevenant est obligé pour le total.

Dans le second cas, si la dette principale est divisible, *tam solutione quam obligatione*, tant par le paiement que par l'obligation, il devient constant que l'intention des parties, en ajoutant la clause pénale, a été simplement d'assurer l'exécution de l'obligation, et non que le paiement ne pût s'en faire par parties, par les héritiers du débiteur ; alors celui des héritiers qui contrevient à l'obligation doit seul encourir la peine , et pour la part seulement dont il est héritier. Mais si la dette principale, bien que divisible par l'obligation, est indivisible quant au paiement, si l'intention des contractans, en ajoutant la clause pénale, a été que le paiement ne pût se faire que pour le total, et non par parties; en ce cas, chacun des héritiers, en satisfaisant pour sa part à l'obligation primitive, n'évitera pas d'encourir la peine.

De l'espèce où il y a plusieurs héritiers d'un seul créancier.

Il y a moins de difficulté lorsqu'il n'y a qu'un débiteur, mais plusieurs héritiers du créancier, ou plusieurs créanciers. La contravention faite, par le débiteur envers l'un des héritiers oudes créanciers, ne donne ouverture à la peine envers cet héritier ou ce créancier, que pour sa part héréditaire ou virile seulement, quand même l'obligation principale serait de choses indivisibles ; à plus forte raison, et dans tous les cas, si elle est de choses divisibles.

Il y aurait infiniment plus de détails à donner sur les différentes espèces d'obligations. Mais, lorsqu'il s'agit des élémens d'une science, il vaut mieux ne pas chercher à tout savoir, que de risquer de s'embarrasser dans les subtilités des questions très-savamment, mais aussi très-obscurement et très-contradictoirement discutées par les docteurs de l'école. Passons donc rapidement à ce qui nous reste à connaître des obligations en général. Nous allons traiter successivement de leur effet, des différentes manières dont elles s'éteignent, et des preuves par lesquelles on peut établir leur existence ou leur acquittement.

SEPTIÈME LEÇON.

§ XVIII.

De l'effet des obligations.

Toute obligation suppose un débiteur et un créancier. L'un a des devoirs à acquitter, l'autre a des droits à exercer. Voyons donc quels sont les devoirs de l'un et les droits de l'autre.

§ XIX.

Des devoirs du débiteur dans l'obligation de donner.

Pour connaître toute l'étendue des devoirs du débiteur, il faut distinguer entre l'obligation de donner, et l'obligation de faire ou de ne pas faire.

Celui qui s'est obligé de donner une chose est tenu de la donner en tems et lieu convenable au créancier, ou à quelqu'un qui ait pouvoir ou qualité pour la recevoir en sa place.

Il suit de là, 1°. que le débiteur, mis en demeure de satisfaire à son obligation, est tenu des dommages et intérêts du créancier, et doit l'indemniser de tout ce qu'il aurait eu, si la chose lui eût été donnée aussitôt qu'il l'a demandée. 2°. Que si la chose due a été détériorée, ou a totalement péri depuis la demeure du débiteur, par quelque cas fortuit ou force majeure, le débiteur est tenu de cette perte, pourvu qu'on ne puisse pas dire que la chose eût également péri chez le créancier. 3°. Que le débiteur, depuis sa demeure, est tenu de faire raison au créancier, non-seulement de tous les fruits perçus, mais de tous ceux que le créancier aurait pu percevoir.

La mise en demeure a lieu par une interpellation judiciaire, valablement faite, mais seulement du jour de cette interpellation.

Du soin que le débiteur doit à la conservation de la chose promise.

Il faut observer quelque chose de particulier à l'égard des corps certains. L'obligation de les donner en tems et lieu convenables comprend celle d'apporter à leur conservation un soin convenable jusqu'au jour du paiement.

Ce soin varie en raison de la différence des causes de l'obligation. Dans les contrats qui ne concernent que l'utilité de celui à qui la chose doit être donnée ou restituée, le débiteur n'est tenu que de la bonne foi, et ne répond en conséquence que de la faute lourde qui, à cause de son énormité, avoisine le dol. Dans les contrats où il s'agit de l'utilité commune des deux contractans, le débiteur doit le soin ordinaire que les personnes prudentes apportent à leurs affaires, et dès lors il est tenu de la faute légère. Dans les contrats, enfin, qui n'ont lieu que pour la seule utilité du débiteur, celui-ci répond de la faute la plus légère, c'est-à-dire, de tout le soin que le plus diligent père de famille donne à ses affaires.

Des devoirs du débiteur dans les obligations de faire ou de ne pas faire.

L'obligation de faire ou de ne pas faire quelque chose gît en un fait positif ou négatif, à l'accomplissement duquel le débiteur est rigoureusement engagé; faute de quoi, il est tenu des dommages et intérêts du créancier : sauf néanmoins le cas de force majeure, qui a pu l'empêcher ou le contraindre.

§. X X.

Des droits du créancier.

Les droits du créancier, sans parler de la compensation, de la fidé-jussion, et de la novation auxquelles l'obligation principale sert de fondement et d'appui, et dont nous traiterons incessamment, peuvent se réduire au droit de poursuivre en justice le débiteur pour le paiement de ce qui est convenu dans l'obligation.

1°. *Dans les obligations de faire ou de ne pas faire.*

Lorsque l'obligation consiste à faire ou ne pas faire quelque chose, cette poursuite judiciaire se résout presque toujours en dommages et intérêts. Personne en effet ne peut être rigoureusement contraint à faire quelque chose. Mais si ce qui a été fait est de nature à pouvoir être détruit, le créancier peut se faire autoriser en justice à faire détruire, aux frais du débiteur, ce qu'il a fait contre la convention.

2°. Dans les obligations de donner.

Il en est autrement des obligations qui consistent à donner. Le débiteur peut être strictememt condamné et même contraint à livrer la chose qu'il a promise, pourvu néanmoins que la chose soit encore en son pouvoir.

§ X X I.

Obligation ne donne droit qu'à la chose.

Sur quoi je dois observer, comme principe fondamental, que les obligations ne nous donnent pas un droit *dans* la chose promise, et ne font pas qu'elle devienne nôtre avant la tradition. Elles nous ouvrent seulement un droit *à* la chose, c'est-à-dire, une action contre le débiteur, pour le faire condamner à nous la donner. *Obligationum substantia non in eo consistit ut aliquod corpus nostrum, vel servitutem nostram faciat, sed ut alium nobis obstringat, ad dandum vel faciendum.*

Il suit de cette distinction que le débiteur reste propriétaire de la chose qu'il s'est obligé de donner, tant qu'il ne l'a pas livrée. De manière que si vous m'avez vendu votre maison sans m'en faire la tradition, et que depuis vous l'ayez vendue et livrée à un autre, c'est à celui-ci seul que la propriété en est transférée.

Il ne me reste contre vous qu'une action en dommages et intérêts. Si, cependant, vous étiez insolvable lors de la seconde vente, et si, le second acquéreur était participant de votre fraude, j'ai action contre lui, à l'effet de faire rescinder la vente qui lui a été faite en fraude de ma créance; et même hors ce cas d'insolvabilité du vendeur et de collusion du second acquéreur, mon contrat, s'il a été passé devant notaire, me donne sur la chose un droit d'hypothèque, dont l'effet est de me la faire délaisser, si mieux n'aime l'acquéreur me payer mes dommages et intérêts. Ce dernier principe n'est plus vrai depuis la loi du 11 brumaire an VII qui constitue véritable acquéreur, soit premier, soit second, celui-là seul qui le premier a fait transcrire son contrat aux hypothèques.

Il peut arriver, néanmoins, que la chose soit plus qu'hypothéquée au créancier, et même qu'elle lui soit réellement affectée. Par exemple, si je vous ai vendu une terre à réméré, et que depuis, mais avant les délais prescrits à l'exercice de mon droit, vous ayez vendu cette terre à un tiers, j'ai une action directe contre l'acquéreur, à l'effet de me faire délaisser l'héritage affecté à mon réméré. Mais cette affectation résulte, moins de l'obligation par vous contractée de me rendre ma terre, que de l'imperfection même du droit que je vous ai transmis. Je ne vous ai transféré qu'une propriété résoluble. Vous ne possédiez que sous la clause de reméré, et vous n'avez pu donner à un autre plus de droit que vous n'en aviez vous-même.

§ XXII.

Des voies ouvertes au créancier.

A l'égard des voies ouvertes au créancier pour forcer son débiteur à l'acquit d'une obligation, il en a de deux espèces : la simple demande, ou l'action; et la procédure par commandement et exécution.

De l'action.

On appelle *action* toute demande judiciaire, fondée sur un titre ou sur la loi, par laquelle le demandeur somme celui qu'il appelle en justice à satisfaire à ce à quoi il s'est obligé, en vertu de l'un ou de l'autre; faute de quoi il requiert qu'il y soit condamné par le juge.

Toute action est, 1°. réelle, personnelle ou mixte; 2°. civile ou criminelle.

L'action réelle est celle par laquelle le demandeur réclame le droit qu'il a sur des terres, maisons, rentes ou autres redevances foncières.

L'action personnelle est celle que l'on a contre quelqu'un en conséquence d'un contrat, d'un quasi-contrat, d'un délit ou d'un quasi-délit.

L'action mixte est celle que l'on intente contre le détenteur d'une chose, tant en cette qualité que comme personnellement obligé.

L'action civile est celle qui ne tend qu'à recouvrer ce qui nous appartient, en vertu d'un contrat ou d'une autre cause semblable.

L'action criminelle est celle qui tend à faire punir la

personne poursuivie , soit corporellement , soit pécuniairement.

De la procédure par commandement et exécution.

La procédure , par commandement et exécution, consiste à faire au débiteur , soit à sa personne , soit à son domicile, par le ministère d'un huissier, un commandement de payer, et, sur son refus, à saisir ses meubles et même ses immeubles , et à les faire vendre pour être payé sur le prix.

Pour précéder par commandement et exécution, il faut le concours de trois choses : 1°. La dette doit être liquide, c'est-à-dire, d'une certaine somme d'argent, ou d'une certaine quantité de choses fungibles. 2°. Le créancier doit avoir un titre exécutoire, c'est-à-dire, un acte notarié, revêtu des formes prescrites pour le rendre authentique, ou un jugement de condamnation, qui ne soit pas suspendu par un appel ou une opposition. 3°. La voie de saisie exécution ne peut avoir lieu que contre la personne même qui s'est obligée devant notaire ou qui a été condamnée. Ainsi , quoique les héritiers d'une telle personne soient tenus de remplir ses obligations , le créancier ne peut néanmoins agir contr'eux que par la voie de l'action.

§ XXIII.

Des dommages et intérêts.

Nous avons jusqu'à présent remarqué bien des circonstances où le débiteur est tenu de *dommages et intérêts ;* il est tems de préciser l'idée qu'on doit attacher à ces mots.

On appelle *dommages et intérêts* la perte que quelqu'un a faite, et le gain qu'il a manqué de faire : *quantum meâ interfuit ; id est, quantum mihi abest, quantumque lucrari potui.*

De ceux qui sont dus pour inexécution de l'obligation.

Ces dommages et intérêts sont dus en deux cas principaux ; lorsque l'obligation n'a pas été exécutée, ou lorsqu'elle a éprouvé un retard.

Dans le cas d'inexécution de l'obligation, le débiteur ne doit pas répondre rigoureusement de toutes les pertes qu'a essuyées le créancier, ni de tout le gain qu'il a manqué de faire. On arbitre différemment ces dommages et intérêts, selon qu'il y a eu négligence, ou dol de la part du débiteur.

Où il n'y a que négligence, et alors on ne doit que ceux prévus par le contrat.

Lorsqu'on ne peut reprocher au débiteur aucun dol, et qu'il n'a manqué de satisfaire à son obligation que par sa simple faute, il n'est tenu que des dommages et intérêts qu'on a pu prévoir lors du contrat; ce n'est qu'à ceux-ci qu'il est réputé s'être soumis. Or, on ne suppose prévus lors du contrat que les dommages et intérêts que le créancier a pu souffrir par rapport à la chose qui était l'objet de l'obligation inexécutée, et non ceux que cette inexécution a pu d'ailleurs lui occasionner dans ses autres biens.

Quelquefois, cependant, le débiteur est tenu des dommages et intérêts, même extrinsèques, mais seulement lorsqu'ils ont été prévus par le contrat, ou lorsque le débiteur s'en est expressément ou tacitement chargé.

Ils peuvent être modérés en certains cas.

Les dommages et intérêts qui sont dus par rapport à la chose même, ne doivent pas être taxés avec rigueur, mais avec modération. La raison en est que les obligations; qui naissent des contrats, ne peuvent se former que par le consentement et la volonté des parties. Or, le débiteur en s'obligeant aux dommages et intérêts, qui résulteraient de l'inexécution de son obligation, est censé n'avoir entendu ni voulu s'obliger que jusqu'à la somme, à laquelle il a pu vraisemblablement prévoir qu'ils pourraient monter au plus haut, et non au-delà. Les lois de Justinien fixaient cette estimation au double de la valeur de la chose. Nos lois n'ont rien de fixe à cet égard.

Ce principe de modération ne saurait s'appliquer

aux dommages extrinsèques, lorsque le débiteur s'y est expressément ou tacitement soumis. Ceux-ci n'étant pas dus pour raison de la chose, ne peuvent se régler sur la valeur de cette chose. Ils peuvent se monter, dans la réalité, au décuple et plus.

Ou il y a dol, et alors tous sont dus indistinctement.

Si c'est par le dol de mon débiteur que mon obligation n'a point été exécutée, il est tenu indistinctement de tous les dommages et intérêts que j'ai soufferts par suite de son dol, tant de ceux extrinsèques, que de ceux dus par rapport à la chose même, sans qu'il y ait lieu de distinguer en aucun cas, si le débiteur doit être censé s'y être soumis; car, celui qui commet un dol, s'oblige, *velit, nolit*, à la réparation de tout le tort que ce dol peut causer. Ce n'est enfin que, par une extrême indulgence du juge, que ces dommages et intérêts peuvent souffrir quelque modification.

Des dommages et intérêts pour retard dans l'exécution.

A l'égard des dommages et intérêts encourus par le débiteur depuis sa mise en demeure de satisfaire à son obligation, et qui consistent dans les pertes que le créancier a souffertes, et dans le gain qu'il a manqué de faire à cause de ce retard, il faut suivre les mêmes règles que pour ceux résultans de l'inexécution de l'obligation.

Règle particulière aux obligations de donner une somme d'argent.

Mais on suit une règle particulière, lorsque l'obligation consiste à donner une certaine somme d'argent. Comme les différens dommages et intérêts, qui peuvent résulter du retard de l'accomplissement de cette espèce d'obligation, varient à l'infini; et qu'il est aussi difficile de les prévoir que de les justifier, il a été nécessaire de les régler, par une espèce de forfait, à quelque chose de fixe. On les a donc fixés aux intérêts de la somme due, au taux de l'ordonnance. Ces intérêts commencent à courir contre le débiteur du jour qu'il a été mis en demeure, jusqu'au paiement, parce qu'ils sont le prix commun du profit légitime que le créancier aurait pu retirer de son argent, s'il l'avait reçu au tems préfix.

HUITIÈME LEÇON.

§ XXIV.

Des manières dont les obligations s'éteignent.

Les obligations peuvent s'éteindre par le paiement réel, par la consignation, par la compensation, par la novation, par la délégation, par la confusion, par l'acceptilation, par l'extinction de la chose due, par l'évènement des conditions résolutoires, par la mort du débiteur ou du créancier, par les fins de non recevoir.

§ XXV.

Du paiement réel.

La manière la plus générale et la plus simple d'éteindre une obligation est le paiement réel, ou l'accomplissement effectif de ce qu'on s'est obligé de donner ou de faire.

Le paiement doit transférer la propriété de la chose payée. Il doit donc être fait, 1°. par le propriétaire de cette chose, ou de son consentement ; 2°. par une personne capable d'aliéner.

Des personnes qui peuvent payer.

Peu importe que celui qui paie soit le débiteur lui-même, ou son fondé de pouvoir, ou même quelqu'un qui n'ait aucun pouvoir. Mais il faut que le paiement soit fait au nom et pour le compte du débiteur. Exceptons néanmoins le cas où l'obligation consiste dans une chose à faire, et qui, dans l'intérêt du créancier, doit être faite par le débiteur lui-même.

Des personnes à qui on peut payer.

Pour être valable, un paiement doit être fait soit au créancier, soit à son fondé de pouvoir, soit à quelqu'un ayant qualité légale de recevoir pour lui, soit aux personnes indiquées par l'obligation.

Des héritiers du créancier.

On doit entendre par créancier, non-seulement la personne même avec qui le débiteur a contracté, mais aussi ses héritiers, et tous ceux qui ont succédé à sa créance, même à titre singulier. Bien entendu que, si un créancier laisse plusieurs héritiers, ceux-ci ne devenant créanciers que pour leur part héréditaire, le paiement de toute la dette ne peut-être valablement fait à l'un d'eux, s'il n'a procuration de ses cohéritiers. Mais il faut avant tout que le créancier, quel qu'il soit, ne soit pas incapable d'administrer son bien. Ainsi l'on ne peut pas payer valablement à un mineur, à un interdit, à une femme en puissance de mari. Néanmoins, si le débiteur pouvait justifier que le créancier a tiré de la somme payée un profit encore subsistant, si même l'argent avait été employé à une chose nécessaire, quoique cette chose eût péri depuis par cas fortuit, ou accident de force majeure, on accorderait au débiteur une exception contre le tuteur, curateur ou mari, qui redemanderait une seconde fois la chose payée.

Du fondé de pouvoir du créancier.

Payer au fondé de pouvoir du créancier, c'est payer au créancier lui-même. Ce paiement est valable, quand même le fondé de pouvoir serait un mineur, pourvu qu'il eût pu être fait valablement au créancier en personne.

Il est indifférent que la procuration soit spéciale ou générale, pourvu qu'elle n'ait pas été révoquée avant le paiement, à la connaissance légale du débiteur.

Le titre exécutoire dont est porteur l'huissier, chargé de le mettre à exécution, équivaut à un pouvoir de recevoir la chose, qui est l'objet de l'obligation.

De ceux qui ont qualité de la loi pour recevoir pour le créancier.

Il est des personnes à qui la loi elle-même donne qualité pour recevoir, à la place du créancier. Tels sont les tuteurs, les curateurs, les maris, les syndics et administrateurs de communautés. Ils sont habiles à recevoir, non-seulement les revenus, mais les capitaux et remboursemens de rentes dus à ceux dont l'administration des biens leur est confiée.

Des personnes tierces indiquées par l'obligation.

Quelquefois, enfin, les contrats indiquent une personne tierce, entre les mains de laquelle on convient que le paiement pourra se faire, comme en celles du créancier. Mais ce n'est qu'à la personne indiquée par le contrat qu'on peut payer valablement, et non à ses héritiers; à moins que cette personne ne fût un créancier du créancier qui l'a indiquée. On cesse même de pouvoir payer valablement à cette personne lorsqu'elle change d'état; par exemple, par la mort civile, par l'interdiction, par le mariage, par une banqueroute.

Il y a, au surplus, une différence essentielle entre cette personne tierce, indiquée par l'obligation, et le fondé de pouvoir du créancier. La faculté de payer au fondé de pouvoir cesse par la révocation de la procuration, notifiée au débiteur, et que le créancier peut faire quand bon lui semble. Au contraire, la faculté de payer à la personne indiquée par l'obligation, ayant son fondement dans la convention même dont elle fait partie, et à laquelle on ne peut déroger que par le consentement des deux contractans, le créancier ne peut pas en priver le débiteur. Celui-ci peut, malgré le créancier, payer entre les mains de la personne indiquée par l'obligation.

Tout paiement qui n'a pas été fait soit au créancier, soit à son fondé de pouvoir, soit à quelqu'un ayant qualité légale de recevoir pour lui, soit aux personnes tierces indiquées par l'obligation, est nul. Mais il peut devenir valable, 1°. par la ratification subséquente du créancier; 2°. lorsque la somme payée a tourné par la suite au profit du créancier; 3°. lorsque la personne à qui le paiement a été fait, a succédé, soit à titre universel, soit à titre singulier, à la créance.

Le paiement peut-il être fait par parties?

Nous avons vu plus haut que toute dette non encore divisée, quelque divisible qu'elle soit en elle-même, ne peut-être acquittée par parties, contre la volonté du créancier, ni par le débiteur principal, ni par ses fide jusseurs. Il ne suffit même pas au débiteur d'offrir toute la somme principale qu'il doit, lorsqu'elle porte intérêt ; il est obligé d'offrir en même tems tous les intérêts échus. Cette règle générale souffre trois exceptions: 1°. Lorsqu'une clause du contrat porte que la somme due sera divisée en un certain nombre de paiemens ; 2°. Lorsqu'il y a contestation sur la quantité de ce qui est dû ; 3°. Dans le cas de la compensation ; car un créancier est obligé de compenser jusqu'à concurrence de la somme qui lui est due, celle qu'il doit à son débiteur, quoiqu'il doive moins qu'on ne lui doit.

En quel état, quand, où la chose doit-elle être payée ?

Pour que la prestation d'une chose opère le paiement de l'obligation dont elle était l'objet, il faut que la propriété en soit transférée réellement au créancier, et qu'elle soit libre de toute charge, hypothèque et droit réel, autres que ceux consentis par l'obligation.

Dailleurs, si la dette est d'un corps certain et déterminé, la chose peut être valablement payée, en quelque état qu'elle se trouve, pourvu que les détériorations, qui sont survenues depuis le contrat, ne procèdent ni du fait, ni de la faute du débiteur, ni de celle des personnes de la conduite desquelles il est responsable. Il n'en est pas ainsi des dettes d'un corps indéterminé. La chose doit être payée en tout état de cause, de qualité bonne, loyale et marchande.

On ne saurait douter que le paiement d'une chose ne peut-être fait avant que la chose soit due. Ainsi, dans les obligations conditionnelles, ni le débiteur ne peut être obligé de payer, ni le créancier obligé de recevoir, avant l'accomplissement de la condition. Mais un paiement fait avant le terme, n'en est pas moins valable; l'effet du terme n'étant pas de suspendre la dette, mais seulement d'en arrêter l'exigibilité.

Les conventions prévoient assez communément le lieu où le paiement doit être fait. S'il n'y a point eu de désignation de lieu, ou la dette est d'un corps certain, ou elle est de choses indéterminées. Dans le premier cas, la chose doit être prise par le créancier, où elle est; dans le second cas, elle est livrable au domicile du débiteur, *ubi petitur;* mais toujours aux dépens du débiteur, sauf les frais de transport qui, sauf convention contraire, sont à la charge du créancier.

Des effets du paiement.

L'effet du paiement est d'éteindre l'obligation et de libérer tous ceux qui en sont débiteurs.

Quelquefois un seul paiement peut éteindre plusieurs obligations, même lorsqu'il y a des débiteurs différens. Par exemple, si, par vos ordres, j'ai prêté 100 liv. à *Titius,* le paiement que celui-ci me fait de la somme prêtée éteint en même tems son obligation, et celle que vous aviez contractée par votre mandat.

A plus forte raison, le paiement fait par l'un des débiteurs de la même obligation doit-il libérer tous les autres débiteurs, soit principaux, soit accessoires, de cette obligation.

De la subrogation d'un débiteur aux droits et actions d'un créancier.

Mais cette règle générale est modifiée par ce principe, non moins constant, que tous ceux qui sont tenus d'une dette pour d'autres, ou avec d'autres par lesquels il en doivent être acquittés, soit pour le tout, soit pour partie, ont droit, en payant cette dette, de se faire céder les actions du créancier, contre les autres débiteurs qui en sont tenus.

Des cas où la subrogation a lieu de plein droit.

Il est même des cas où la cession a lieu de plein droit, sans avoir été requise par le débiteur qui a payé.

1°. Lorsque quelqu'un, pour empêcher le protêt et faire honneur à la signature de son ami, a, de son bon gré, acquitté une lettre ou billet de change, il est subrogé de plein droit à toutes les actions du créancier de la lettre ou billet de change.

2°. Lorsque, pendant la communauté de biens entre deux conjoints par mariage, une rente qui n'était due que par l'un d'eux, a été rachetée des deniers de la communauté, l'autre conjoint ou ses héritiers sont, pour leur part en la communauté, subrogés de plein droit à toutes les actions du créancier, contre celui des conjoints qui était débiteur de la rente, ou contre ses héritiers.

3o. Lorsqu'un créancier hypothécaire, pour fortifier son droit d'hypothèque, paie à un autre créancier hypothécaire, ce qui lui est dû par le débiteur commun, ce créancier n'a pas besoin de requérir la subrogation. Il est subrogé de plein droit à la créance qu'il a acquittée, et aux hypothèques et droits qui en dépendent.

4o. A l'égard des créances auxquelles il y a un privilège personnel attaché, tels que les frais funéraires, les frais de la dernière maladie, les loyers de maison, et les arrérages de rentes foncières, le privilège passe de plein droit à ceux qui les ont acquittés ; et ils l'exercent de la manière que l'eût exercé le créancier privilégié, qu'ils ont payé de leurs deniers.

Des paiemens partiels.

Régulièrement, comme nous l'avons observé, toute dette non divisée ne peut être acquitée par parties, contre la volonté du créancier. Mais si, du consentement de celui-ci, il y a eu des paiemens partiels, ils éteignent la dette à fur et mesure et proportionnellement ; si ce n'est dans les obligations alternatives ou indéterminées, et dans le cas où le créancier aurait été évincé de l'un de plusieurs corps certains, qui lui auraient été donnés en paiement de la chose qui lui était due. L'éviction d'un seul l'autorise à restituer les autres, et le réintègre dans toute sa créance.

Des imputations.

La seule question qui puisse donner lieu à quelques difficultés est de savoir comment doit se faire l'imputation d'un paiement partiel, lorsque le débiteur doit au créancier pour plusieurs causes. Pothier nous donne à cet égard des règles aussi claires que faciles.

Première règle. — Le débiteur, lorsqu'il paie, a le pouvoir de déclarer sur quelle dette il entend imputer la somme qu'il paie.

Seconde règle. — Lorsque le débiteur, en payant, ne fait point d'imputation, le créancier à qui il est dû, pour différentes causes, peut la faire par la quittance qu'il donne, pourvu que cette imputation ait été faite à l'instant, et d'une manière équitable.

Troisième règle. — Lorsque l'imputation n'a été faite ni par le créancier, ni par le débiteur, elle doit avoir lieu de préférence sur celle des différentes dettes que le débiteur avait pour lors le plus d'intérêt d'acquitter. Par exemple, sur celle non contestée, plutôt que sur celle qui était contestée ; sur celle échue, plutôt que sur celle non encore exigible ; entre les dettes échues, sur celle emportant contrainte par corps, plutôt que sur les dettes purement civiles; entre les dettes civiles, sur celles portant intérêt, plutôt que sur celles qui n'en produisent pas; sur une dette hypothécaire, plutôt que sur une dette chirographaire; sur la dette pour laquelle le débiteur avait donné caution, plutôt que sur celle qu'il devait seul; sur celle due comme débiteur principal, plutôt que sur celle due comme caution d'une autre personne.

Quatrième règle. — Lorsque les dettes étaient d'égale nature, et telles que le débiteur n'avait pas d'intérêt d'acquitter l'une plutôt que l'autre, l'imputation doit se faire sur la plus ancienne.

Cinquième règle. — Si les différentes dettes étaient de même date, et toutes choses d'ailleurs égales, l'imputation se fera proportionnellement sur chacune.

Sixième règle. — Dans les dettes qui sont de nature à produire des intérêts, l'imputation se fait d'abord sur les intérêts, avant le capital.

Ces règles ne s'appliquent pas au cas où le créancier se paie par lui-même du prix d'une chose qui lui était hypothéquée, et qu'il a fait vendre. L'imputation, en ce cas, doit se faire sur la dette à laquelle la chose était hypothéquée, et lorsque la même chose était hypothéquée à différentes dettes, sur la dette dont le droit d'hypothèque était le plus fort.

NEUVIÈME LEÇON.

§ XXVI.

De la consignation.

La seconde manière d'éteindre une obligation est la consignation ou le dépôt que le débiteur fait, par autorité de justice, de la chose ou de la somme qu'il doit, entre les mains d'une tierce personne.

Ce n'est pas, à proprement parler, un paiement réel, puisque, par la consignation, la propriété de la chose payée n'est pas transférée en la personne du créancier; mais c'est un acte équipollent à paiement.

De ses qualités requises.

Pour la validité de la consignation, six conditions sont requises. 1°. Que, si la dette a été contractée sous une condition suspensive, cette condition soit arrivée. 2°. Qu'il n'ait pas tenu au débiteur de payer au créancier, et que celui-ci ait été mis en demeure de recevoir par des offres valables qui lui aient été faites. 3°. Que les offres soient faites au créancier, s'il est capable de recevoir, sinon à celui qui a qualité pour recevoir à sa place, ou qui a été indiqué par l'obligation. 4°. Que les offres soient faites par une personne capable de payer. 5°. Qu'elles soient de la somme entière. 6°. Qu'elles soient faites au lieu où doit se faire le paiement.

Comment doit-elle se faire?

Il se dresse un acte des offres et de la sommation faite au créancier de recevoir. L'acte doit se faire par un huissier recordé de témoins, et être revêtu des formalités des autres exploits. La sommation contient assignation devant le juge, sans délai, pour faire ordonner la consignation. La sentence qui l'ordonne se signifie au créancier, avec assignation d'être présent à la consignation, chez un tel, à tel jour et à telle heure.

La consignation doit se faire au jour et à l'heure indiqués. On dresse ensuite un acte de consignation, qui contient le bordereau des espèces dans lesquelles elle a été faite, et que l'on signifie au créancier.

De son effet.

L'effet de la consignation valable est d'opérer la libération pleine et entière du débiteur. Il est bien vrai que, dans la subtilité du droit, il demeure propriétaire des espèces consignées; mais elles cessent d'être à ses risques et passent à ceux du créancier, qui n'est plus créancier d'une certaine somme, mais des espèces consignées, qui ne l'est même plus de son débiteur, mais du consignataire, qu'un quasi-contrat oblige à la restitution desdites espèces.

§ XXVII.

De la novation.

La novation est la substitution d'une nouvelle dette à une ancienne.

Comment a-t-elle lieu?

Elle peut avoir lieu de trois manières : 1°. Sans l'intervention d'aucune nouvelle personne;

2°. Par l'intervention d'un nouveau débiteur, comme lorsque *Titius* prend pour son compte l'obligation contractée par *Stichus ;*

3°. Par l'intervention d'un nouveau créancier, comme lorsque je m'engage à payer à *Pierre* ce que je devais à *Paul.*

Toute novation est valable, quelque soit la première dette à qui on en substitue une nouvelle, et quelque soit celle qu'on lui substitue.

Des personnes qui peuvent la faire.

Le consentement que donne le créancier à la novation de la dette étant quelque chose d'équipollent, quant à l'extinction de l'ancienne dette, au paiement qui lui en serait fait, il faut en conclure que, ceux-là seuls à qui l'on pourrait valablement payer, peuvent faire novation; et que, de la part du créancier, la volonté de faire novation doit paraître si évidente qu'elle ne puisse être révoquée en doute.

Quand se présume-t-elle?

Il est un cas, cependant, où la novation se présume même contre la volonté déclarée du créancier, c'est celui où le débiteur constitue à son créancier, une rente pour prix d'une somme capitale, qu'il lui devait par une obligation antérieure. Quelques arrêts ont décidé le contraire; mais des arrêts ne détruisent pas un principe.

De son caractère distinctif.

Lorsque la novation a lieu entre les mêmes parties que l'ancienne obligation, sans l'intervention d'une nouvelle personne, il est rigoureusement nécessaire que le second acte contienne quelque chose de différent du premier, soit dans la qualité même de l'obligation, soit sur les accidens accessoires, comme le tems et le lieu du paiement. Mais la seule intervention soit d'un nouveau débiteur, soit d'un nouveau créancier, est une différence suffisante pour rendre la novation utile.

De son effet.

L'effet de la novation est d'éteindre l'ancienne dette, comme ferait un paiement réel, et de libérer tous ceux qui pouvaient en être débiteurs, soit principalement, soit accessoirement, à la réserve des hypothèques que le créancier peut transférer de la première obligation à la seconde.

§ XXVIII.

De la délégation.

La délégation est une espèce de novation, par laquelle l'ancien débiteur, pour s'acquitter envers son créancier, lui donne une tierce personne, qui, à sa place, s'oblige envers ce créancier, ou envers la personne qu'il indique.

Entre quelles personnes elle s'établit.

Elle renferme une novation, en ce que la dette du déléguânt est éteinte par l'intervention du délégué, qui devient le nouveau débiteur.

Pour établir une véritable délégation, il faut le concours, 1°. du déléguant, c'est-à-dire, de l'ancien débiteur, qui donne au créancier un nouveau débiteur en sa place; 2°. du délégué qui s'oblige envers le créancier à la place de l'ancien débiteur. Si son obligation n'était que conditionnelle, tout l'effet de la délégation serait suspendu jusqu'à l'accomplissement de la condition; 3°. du créancier qui accepte le délégué, et décharge le déléguant. Cette acceptation et cette décharge doivent être exprimées de la manière la plus marquée.

De son effet.

L'effet de la délégation est la libération parfaite du déléguant, sans aucun recours contre lui de la part du créancier pour raison de l'insolvabilité du délégué ; à moins que le déléguant ne se soit chargé de cette insolvabilité ; encore faut-il que le créancier ait fait toutes les diligences nécessaires contre le délégué, tant qu'il était solvable.

§ XXIX.

De l'acceptilation.

L'acceptilation est la remise que le créancier fait d'une dette à son débiteur.

Des personnes qui peuvent la faire, et à qui elle peut être faite.

Toutes les dettes, quelles qu'elles soient, de quelque manière qu'elles aient été contractées, s'éteignent de plein droit, soit pour le total, soit pour partie, par la simple convention de remise entre le débiteur et le créancier, pourvu que le créancier soit capable de disposer de son bien, ou que celui qui agit pour lui ait, à cet effet, pouvoir spécial de lui, ou qualité de la loi; et que le débiteur ne soit pas une personne à qui il soit défendu au créancier de donner.

Quand a-t-elle lieu?

Une convention tacite suffit quelquefois pour opérer l'acceptilation, lorsqu'elle résulte de certains faits, comme de la remise au débiteur de son billet par le créancier. On peut même la présumer lorsque, dans un compte fait entre les parties, le créancier n'a pas fait mention d'une dette; mais, dans ce cas, il faut le concours de trois circonstances : 1°. que le débiteur et le créancier fussent unis par les liens du sang, * ou d'une amitié très-étroite; 2°. qu'il se soit fait entre les parties plusieurs comptes, dans aucun desquels la dette n'a été employée; 3°. enfin, que le créancier soit mort sans l'avoir demandé.

On distingue deux espèces d'acceptilation : la remise réelle, et la décharge personnelle.

De la remise réelle.

La remise réelle a lieu, lorsque le créancier déclare qu'il tient la dette pour acquittée, ou lorsqu'il en donne quittance, comme s'il en avait reçu le paiement, quoiqu'il ne l'ait pas reçu.

Cette remise équivaut au paiement, et fait que la chose n'est plus due. Conséquemment elle libère tous ceux qui étaient débiteurs à quelque titre que ce fût.

De la décharge personelle.

La décharge personnelle est celle par laquelle le créancier décharge simplement le débiteur de son obligation. Elle n'éteint la dette qu'indirectement, et à l'égard seulement du débiteur, à qui elle est accordée et de ses cautions. S'il y a d'autres débiteurs,

* Aujourd'hui la proche parenté serait peut-être une cause qui s'opposerait à la remise de la dette : nos lois ayant pour principe d'éviter les avantages indirects.

ils demeurent obligés pour l'excédent de ce que le débiteur déchargé devait pour sa part.

La décharge accordée à un débiteur libère ses cautions ; celle, au contraire, accordée à une caution ne libère ni le débiteur principal, ni les autres fidejusseurs.

DIXIÈME LEÇON.

§ XXX.

De la compensation.

La compensation est l'extinction des dettes dont deux personnes sont réciproquement débitrices l'une envers l'autre, par les créances dont elles sont réciproquement créancières l'une de l'autre.

Contre quelles dettes peut-on l'opposer?

Régulièrement, on ne peut opposer la compensation que contre les dettes de choses fungibles, comme d'une certaine somme d'argent, d'une certaine quantité de bled, de vin, d'huile, etc., ou contre les dettes indéterminées d'un certain genre. Par exemple, si vous me deviez un cheval *indeterminate*, et que, depuis, le testament de mon père m'ait chargé de vous donner un cheval, sans dire lequel, je puis vous opposer la compensation. Il est même un cas où la compensation peut être opposée contre la dette d'un corps certain et déterminé. Supposez que vous m'avez cédé une part indivise, que vous aviez dans un certain héritage, et qu'avant que vous me l'ayez livrée, je sois devenu l'héritier de quelqu'un qui était votre débiteur d'une pareille part indivise dans ce même héritage, vous pouvez compenser la part que vous me devez contre celle que je vous dois.

Des dettes qui ne peuvent jamais être compensées.

Dès qu'en elle-même la chose due est suceptible de compensation, on peut la lui opposer, de quelque cause que la dette procède. Il y a néanmoins quelques dettes que la compensation ne peut jamais éteindre :

1°. En matière de spoliation, on ne peut opposer aucune compensation contre la demande en restitution des choses dont quelqu'un a été dépouillé.

2°. Un dépositaire n'est pas admis à opposer aucune compensation contre la demande qui lui est faite, pour la restitution du dépôt qui lui a été confié.

3°. La dette d'une somme qui m'a été donnée ou léguée pour servir à mes alimens, et avec la clause qu'elle ne pourrait être saisie par mes créanciers, n'est susceptible d'aucune compensation.

Au surplus, on peut compenser, non-seulement contre les particuliers, mais aussi contre les villes, les corps et les communautés, et même contre le fisc, pourvu que les deux dettes compensées dépendent l'une et l'autre de la même régie ou bureau.

Quelles dettes peut-on opposer en compensation ?

A l'égard des dettes qui peuvent être opposées en compensation, il faut qu'elles soient du même genre que celles contre lesquelles on veut compenser, échues, liquides, déterminées, dues à la personne même qui les oppose en compensation, et dues par la personne même à qui on les oppose.

1°. Il faut qu'elles soient du même genre que celles contre lesquelles on veut compenser. Ainsi, je ne puis pas compenser de l'argent que je vous dois, contre du bled que vous me devez. C'est un principe fondamental des obligations qu'un créancier ne peut pas être tenu de recevoir une chose pour une autre.

2°. Le paiement de la dette opposée en compensation doit être échu. En effet, la compensation étant un paiement réciproque que les parties se font, comment peut-il y avoir réciprocité de paiement, puisque l'une des parties, le débiteur de la dette non échue, ne doit encore rien, et dès lors ne peut pas être contraint de payer.

3°. Cette dette doit encore être liquide. Or, une dette est liquide lorsqu'il est constant qu'il est dû, et combien il est dû. On ne peut pas, par exemple, opposer un compte courant, non débattu et arrêté, à un billet à ordre.

4°. Ce doit être une dette déterminée. Si donc je vous ai fait une obligation de 1000 liv., et que, depuis, le testament de votre père vous ait chargé de me donner 1000 liv. ou ses deux chevaux d'attelage, tant que vous n'avez pas manifesté votre choix de me donner les 1000 liv., de préférence aux deux chevaux, je ne puis pas de ma seule volonté compenser les 1000 liv., que vous ne me devez encore que sous une alternative, contre les 1000 liv. que je vous dois déterminément.

5°. Il faut que la dette soit due à la personne même qui en oppose la compensation. Ainsi, je ne puis compenser ce que je dois contre ce que mon créancier doit à mon père, à mes enfans, à mes pupilles, à ma femme séparée de biens. Il en est autrement d'un fidéjusseur : si je me suis porté caution de *Pierre* envers vous, je puis vous forcer à compenser cette dette contre ce que vous devez à *Pierre;* car, ne vous devant que pour *Pierre*, je dois jouir des mêmes droits qu'il a contre vous.

6°. Enfin, la dette même qui est opposée en compensation doit être due par la personne même à qui on l'oppose. Si donc je vous dois 1000 liv., je ne puis pas les compenser avec les 1000 liv. que votre père, vos enfans, vos pupilles, votre femme séparée de biens, peuvent me devoir.

La compensation se fait de plein droit, *ipso jure.* Aussitôt que celui qui était créancier d'une personne devient son débiteur d'une somme, ou autre quantité susceptible de compensation avec celle dont il était créancier; *et vice versâ*, aussitôt que celui qui était débiteur d'une personne devient son créancier d'une somme, ou autre quantité susceptible de compensation avec celle dont il était débiteur, la compensation se fait, et les dettes respectives sont dès-lors éteintes, par la seule vertu de la loi de compensation.

Des effets de la compensation.

C'est en raison de ce principe qu'il faut résoudre affirmativement les questions suivantes et toutes celles semblables :

1°. Si mon créancier, à qui j'ai donné des effets en nantissement, est devenu mon débiteur, je puis répéter lesdits effets en lui offrant seulement ce que je lui dois de plus qu'il ne me doit : la compensation, qui se fait de nos dettes respectives jusqu'à due concurrence, tient lieu du paiement du surplus.

2°. Si vous aviez contre moi une créance d'une certaine somme d'argent, qui produisait des intérêts par sa nature, et que vous fussiez depuis devenu mon débiteur d'une somme d'argent, quoique ma créance ne fût pas de nature, comme la vôtre, à produire des intérêts, néanmoins ma créance sera censée, par la vertu de la compensation, avoir acquitté la vôtre, jusqu'à due concurrence du jour que vous en êtes devenu débiteur; et, dès ce jour, les intérêts jusqu'à concurrence auront cessé de courir.

3°. Quoique mon créancier ne puisse être obligé de recevoir par partie le paiement réel que je voudrais lui faire, cependant, s'il est devenu mon débiteur d'une somme moindre que celle que je lui dois, il est obligé de souffrir l'acquittement partiel de sa créance, qui est opéré par la force de la compensation.

4°. Si j'étais votre débiteur de 3000 liv. pour trois différentes causes, et que depuis je fusse devenu votre créancier de la somme de 1000 liv., ces 1000 liv. se compensent de droit avec celle des trois dettes que j'ai le plus d'intérêt d'acquitter.

ONZIÈME LEÇON.

§ XXXI.

De la confusion.

LA confusion est le concours dans une même personne de deux qualités qui se détruisent, par exemple, des qualités de débiteur et de créancier.

Cette confusion a lieu lorsque le créancier devient héritier de son débiteur, ou lorsque le débiteur devient héritier de son créancier. Alors, l'héritier succédant à tous les droits, tant actifs que passifs, du défunt, lorsque le créancier devient héritier de son débiteur, il se trouve en cette qualité débiteur de la dette dont il est de son chef créancier, *et vice versâ*; lorsque le débiteur devient héritier de son créancier, il se trouve créancier de la dette dont il est de son chef débiteur.

Or, comme on ne peut être créancier, ni débiteur envers soi-même, le concours de ces deux qualités produit l'extinction de la dette.

Quelles dettes elle éteint.

L'extinction de la dette principale, par la confusion, éteint la dette des cautions. Mais lorsqu'une caution devient héritière du créancier de celui dont il répondait, ou que le créancier du débiteur principal devient héritier de la caution, la dette accessoire est seule éteinte; la dette principale n'en subsiste pas moins.

§ XXXII.

De l'extinction de la chose due.

Il ne peut y avoir une dette sans qu'il y ait quelque chose de dû, qui soit la matière et l'objet de l'obligation, d'où il suit que lorsque la chose qui était due vient à périr, ne restant plus rien qui soit l'objet et la matière de l'obligation, il ne peut plus y avoir d'obligation. L'extinction de la chose due emporte donc nécessairement l'extinction de l'obligation.

De l'extinction relative.

L'extinction légale d'une chose due ne suppose pas toujours la dissolution de ses parties matérielles. Une chose est réputée éteinte, lorsque, de particulière qu'elle était, elle est devenue hors du commerce.

Elle peut aussi n'être éteinte que relativement au créancier, c'est-à-dire, qu'elle pourrait encore être due à tout autre, mais ne peut plus l'être au créancier.

Par exemple, si vous m'avez promis pour ma maison un droit d'égout de la part de la maison voisine, et que depuis, mais avant l'acquittement de votre obligation, j'aie vendu ma maison sans céder mon droit à mon acquéreur, votre obligation est éteinte, parce que ce droit, ne pouvant plus m'être dû, est une chose éteinte pour moi.

La même chose a lieu si je suis devenu propriétaire à titre purement lucratif d'une chose qui m'était due à titre pareillement lucratif. Ma créance est éteinte, car on ne peut pas me devoir ce qui est à moi. *Duæ causæ lucrativæ in eamdem rem et personam concurrere non possunt.* Il en serait autrement si j'étais créancier ou si je suis devenu propriétaire de cette chose à titre onéreux; je reste créancier, non plus de la chose, mais du prix. Si même je n'avais acquis de seconde main, et à titre lucratif, qu'une propriété imparfaite de la chose qui m'était due par vous primitivement en pleine propriété, vous seriez obligé de parfaire ce qui manque à la plénitude de ma propriété.

Quelles dettes s'éteignent par l'extinction de la chose due.

Il n'y a généralement que les obligations d'un corps certain et déterminé qui s'éteignent par l'extinction de la chose due; mais toutes dettes d'une certaine quantité, etc., comme de tant de muids de bled, d'une somme d'argent, et toutes dettes d'un corps indéterminé, comme d'un cheval, d'un bœuf *in genere*, ne sont pas susceptibles de cette espèce d'extinction. Si vous m'avez promis cent écus, deux muids de bled, un cheval ou un bœuf, tant qu'il y aura dans le commerce cent écus, deux muids de bled, un cheval et un bœuf, votre dette subsiste.

Au surplus, pour que la dette, même d'un corps certain et déterminé, s'éteigne par l'extinction de la chose due, il faut qu'elle ait péri sans le fait ni la faute du débiteur, et avant qu'il ait été constitué en demeure, et que le débiteur ne se soit pas spécialement chargé de tous les risques. Autrement, la dette se convertit en l'obligation du prix de la chose.

Soit entendu dans tous les cas que, si la chose n'est éteinte que pour partie, l'obligation subsiste pour ce qui reste.

§ XXXIII.

Des conditions résolutoires.

Les conditions résolutoires sont celles qui subordonnent l'existence d'une obligation au laps d'un certain tems ou à tel évènement.

Si je me suis porté vis-à-vis de vous caution de la solvabilité de *Pierre* pendant trois ans, et que, durant ce tems, *Pierre* soit demeuré solvable, mon obligation s'éteint par le laps des trois années; et je ne suis plus garant de la faillité qui surviendrait depuis.

Pareillement, si je vous vends ma récolte prochaine, livrable au 1er septembre 1801, à condition que, dans l'intervalle, l'exportation à l'étranger ne sera pas permise, la loi qui, d'ici à ce tems, permettrait l'exportation, résoudrait mon obligation.

§ XXIV.

Quelles dettes s'éteignent par la mort du créancier ou du débiteur.

Régulièrement les créances et les dettes ne s'éteignent ni par la mort du créancier, ni par celle du débiteur. En général, on est censé stipuler tant pour soi que pour ses héritiers et autres successeurs universels. Ce principe, néanmoins, reçoit une exception à l'égard des faits purement personnels au créancier ou au débiteur. Si vous vous êtes engagé à m'accompagner dans le voyage que je devais faire l'année prochaine, et que je meure avant ce tems, ma créance s'éteint par ma mort, et ne passe pas à mes héritiers. Les créances pour réparation d'injures s'éteignent aussi par la mort du créancier. Il en est de même des rentes viagères, sauf les arrérages échus. Si vous vous êtes engagé à me servir en qualité de berger, de chartier ou de domestique, votre mort éteint votre dette.

DOUZIÈME LEÇON.

§ XXXV.

Des fins de non recevoir.

On appelle fins de non recevoir les différentes causes qui empêchent qu'un créancier ne soit écouté en justice, lorsqu'il veut obliger le débiteur à remplir son engagement.

Les principales sont, 1°. celle qui dérive de l'autorité de la chose jugée; 2°. celle qu'opère le serment décisoire du débiteur, qui affirme qu'il ne doit rien lorsque le serment lui a été déféré; 3°. celle qui résulte du laps de tems auquel les lois ont limité la durée d'une action qu'on peut exercer en vertu d'une obligation.

C'est de cette dernière seulement que nous allons nous occuper dans ce chapitre. Nous traiterons des deux premières à l'occasion des présomptions de droit.

§ XXXVI.

De la prescription trentenaire.

C'est un principe consacré que les actions qui naissent des créances doivent être intentées dans les trente ans.

Le créancier qui a laissé écouler ce tems, sans intenter son action, est repoussé par une prescription qui le rend non recevable à la demander.

Cette prescription est fondée sur la présomption du paiement ou de la remise de la dette, qui résulte de ce laps de tems. Elle est établie aussi comme une peine de la négligence du créancier.

De ses qualités requises.

Pour qu'elle puisse courir, il faut, 1°. que l'action soit ouverte; 2°. que l'obligation ne soit pas suspendue par une condition; 3°. que le créancier ne soit pas dans l'impuissance d'agir.

Contre qui court-elle?

Elle ne court ni contre les femmes mariées, même séparées de biens, soit pour les créances qu'elles peuvent avoir contre leurs maris, soit pour celles qu'elles ont contre des tiers; ni contre les mineurs, même pourvus de tuteurs, à cause de la faveur due à cet âge; ni contre les insensés dépourvus de curateurs.

Mais elle s'opère même contre les absens, même contre une succession vacante, abandonnée et destituée de curateur.

La prescription, soit commencée, soit accomplie contre le créancier, a son effet contre ses héritiers et autres successeurs, soit à titre universel, soit à titre singulier; de telle manière qu'il ne leur reste plus, pour demander le paiement de la créance, que le tems qui restait au créancier lorsqu'ils lui ont succédé. Et si elle a été accomplie par le créancier, la même fin de non recevoir, qui avait lieu contre lui, doit avoir lieu contre eux.

Comment s'interrompt-elle ?

Cette prescription s'interrompt, 1°. par l'interpellation judiciaire faite au débiteur par commandement ou exploit, revêtus de toutes les formalités requises, à peine de nullité; 2°. par la reconnaissance que le débiteur fait de la dette. Il n'importe point que cet acte récognitif soit fait par écrit sous seing-privé, à moins que la prescription ne soit invoquée par un tiers. La reconnaissance de la dette a même cet effet de couvrir la prescription accomplie, c'est-à-dire, de faire revivre la dette, même après les trente ans révolus.

Lorsqu'il y a plusieurs débiteurs solidaires, la reconnaissance faite par l'un d'eux, ou l'interpellation judiciaire faite à l'un d'eux, interrompt la prescription à l'égard de tous les autres.

§ XXXVI.

De quelques autres prescriptions à l'effet de libérer.

Il y a encore des prescriptions de créance qui s'opèrent par un tems de moindre durée.

De celle de quarante jours.

La demande des journaliers pour le paiement de leurs journées se prescrit par quarante jours.

De celle de six mois.

On prescrit par six mois « pour marchandises et

« denrées vendues en détail, par boulangers, pâtis-
« siers, bouchers, rôtisseurs, cuisiniers, couturiers,
« passementiers, selliers, bourreliers et autres sem-
« blables. » *Ord. de* 1673, *titre I, art. VIII.*

De celle d'un an.

On prescrit par un an, 1°. « contre les marchands « en gros et en détail, les maçons, charpentiers, cou- « vreurs, serruriers, plombiers, vitriers, paveurs et « autres de pareille qualité. » *Ord. de* 1673, *titre I, art. VII.* 2°. « Contre les demandes pour les salaires « de médecins et chirurgiens. » *Coutume de Paris, art. CXXV.* 3°. « Contre les demandes des maîtres « d'école, précepteurs, répétiteurs régens, et autres « pour l'instruction des enfans. » *Coutume d'Orléans, art. CCLXV.* 4°. « Pour les pensions et nourritures. » *Coutume d'Orléans, art. CCLXV.* 5°. « Pour salaires « des serviteurs, vignerons et autres. » *Coutume d'Or- « léans, article CCLXV.*

Dans quel cas n'ont pas lieu ces prescriptions.

Ces prescriptions de six mois et d'un an n'ont pas lieu, 1°. lorsque la créance est établie par quelque acte écrit, soit par-devant notaire, soit sous seing-privé; 2°. lorsque, dans les six mois ou l'année, il y a eu interpellation judiciaire; 3°. en matière consulaire, lorsque les fournitures, ou ouvrage d'un marchand ou artisan, ont été faites à un autre marchand ou artisan, pour raison de son commerce ou de son art, et que les parties ont entre elles des comptes courans; 4°. contre de simples particuliers qui vendent des denrées provenant de leurs terres, comme leur bled, leur vin, etc.

Des prescriptions de dix ans, un mois, vingt ans, etc.

Les rescisions et restitutions en entier contre les contrats et autres actes, soit pour lésion, dol personnel et autres causes, sont prescrites par dix ans, à compter du jour de l'acte, s'il a été passé entre majeurs, et s'il a été passé par un mineur, à compter du jour de la majorité accomplie. *

Se prescrit également par dix ans l'action en revendication, soit de la propriété, soit de l'usufruit des biens adjugés judiciairement. **

L'action pour la poursuite des délits ruraux s'éteint par le laps d'un mois. ***

L'action criminelle ne se prescrit que par vingt ans.

La liberté contre les servitudes s'acquiert par trente ans.

La loi du 11 brumaire an VII, sur les expropriations forcées, semble avoir introduit une exception à ce principe de la coutume de Paris; elle veut :

* Ordon. de 1510, art. LXVII; *id.* de 1535, ch. VIII, art. XXX.

** Loi du 11 brumaire an VII sur les expropriations forcées, article XXVI.

*** Loi sur la police rurale du 28 septembre 1791, art. VIII.

« que les droits de passage, droits de vue et les autres services fonciers occultes, même ceux patens, dont l'exercice n'est pas continu, se prescrivent par dix ans, à compter du jour où leur exercice aura entièrement cessé, s'ils n'ont été expressément réservés dans l'état des charges d'adjudication d'un héritage. » *

Mais je demanderai avec le C. Bernardi, auteur d'un ouvrage très-estimé sur le nouveau droit français, je demanderai ce qu'on entend par services fonciers, occultes et même patens, dont l'exercice n'est point continu ; et à quel caractère on pourra reconnaître la cessation absolue de l'usage d'une faculté dont l'exercice n'est point continu. Ce n'est pas avec de pareilles lois qu'on peut se promettre de donner aux jeunes gens des idées claires et précises sur notre jurisprudence.

Les arrérages des rentes foncières se prescrivent par vingt-neuf ans, ceux des rentes constituées par cinq ans. **

Quant au capital de ces rentes, il doit être regardé comme imprescriptible. Le capital n'étant jamais exigible, on ne peut pas supposer que le créancier ait jamais été en demeure de le demander.

* Art. XXV.

** Edit de 1510.

TREIZIÈME LEÇON.

XXXVII.

Des manières dont se prouve l'existence ou le paiement d'une obligation.

La preuve d'une obligation appartient au créancier : la preuve du paiement au débiteur. *Ei cujus interest, incumbit onus probandi.*

Il y a cinq espèces de preuves d'une obligation, ou d'un paiement : la preuve littérale, la preuve testimoniale, la confession, la présomption et le serment.

§ XXXVIII.

De la preuve littérale.

La preuve littérale est celle qui résulte des actes ou écritures. La preuve d'un contrat de vente résulte de l'acte qui renferme cette convention. La preuve d'une condamnation résulte du jugement.

On distingue les actes authentiques, des écritures privées ; les titres primordiaux, des titres récognitifs ; les originaux, des copies.

Des actes authentiques.

Les actes authentiques sont ceux qui sont reçus par un officier public, avec les solemnités requises.

L'acte doit être reçu dans le lieu où cet officier a caractère d'officier public, et droit d'instrumenter.

Un notaire doit être assisté d'un autre notaire ou de deux témoins. L'acte doit être écrit sur papier timbré, et enregistré dans les dix jours.

Comment, de quoi, contre qui font-ils foi?

Un acte authentique fait pleine foi par lui-même. S'il est produit hors de la jurisdiction de l'officier public qui l'a reçu, il est soumis à la formalité de la légalisation, qui est l'attestation par le juge du lieu que l'officier, qui a reçu et signé l'acte, est effectivement officier public, notaire.

Il fait foi de tout ce qu'il contient énonciativement contre les parties elles-mêmes, leurs héritiers ou ayants-cause. Contre un tiers, il ne prouve que la chose elle-même *rem ipsam*, c'est-à-dire, l'existence de la convention y mentionnée.

Des écritures privées.

Les écritures privées sont celles qui se font sans le ministère d'un officier public. On distingue dans cette classe, les actes sous seing-privés, les journaux des marchands, les papiers domestiques, et les écritures privées non signées.

Des sous seing-privés.

Les actes sous seing-privé diffèrent des actes authentiques en ce qu'ils ne font foi contre les tiers, même pour la chose principale, que du jour de leur date utile, c'est-à-dire du jour de leur enregistrement.

Des livres des marchands.

La faveur du commerce a établi que, lorsque des livres de commerce sont bien en règle, qu'ils sont écrits de jour à jour, sans aucun blanc, que le marchand a la réputation de probité, et que sa demande est donnée dans l'année de la fourniture, ils établissent pour lui, non pas une preuve entière, nul ne pouvant se faire de titre à soi-même, mais une semi-preuve que le juge complette quelquefois, en admettant le marchand au serment de la vérité de ses fournitures.

Contre les marchands eux-mêmes leurs livres font une foi complette, soit des marchés qu'ils ont passés, soit des livraisons qui leur ont été faites, soit enfin des sommes qui leur ont été payées.

Des papiers domestiques.

Quant aux papiers domestiques, ce qu'ils contiennent a pour objet ou d'obliger le maître de ces papiers, ou de libérer un de ses débiteurs. Dans le premier cas, ils n'obligent celui qui les a écrits qu'autant qu'ils sont signés particulièrement de lui; dans le second cas, signés ou non, pourvu qu'ils soient datés, ils libèrent le débiteur.

Des écritures privées, non signées.

Parmi les écritures privées non signées, on ne peut faire quelque compte que de celles qui se trouvent au bas, au dos ou en marge d'un acte daté et signé. Elles tendent à la libération ou à une nouvelle obligation.

Si elles tendent à la libération, ou elles sont et ont toujours été par-devers le créancier, ou elles sont entre les mains du débiteur. Dans le premier cas, elles font foi, de quelque main qu'elles soient écrites, fussent-elles barrées. Dans le second cas, elles ne produisent quittance que si elles sont écrites de la main du créancîer, et non barrées.

Si elles tendent à l'obligation, elles ne font foi qu'autant qu'elles sont écrites par le débiteur, et qu'elles expriment une relation avec l'acte, au bas, au dos ou en marge duquel elles sont écrites.

Des copies.

A défaut de pouvoir représenter l'original d'un acte, on est quelquefois obligé de recourir à des copies. Mais, pour estimer le degré de croyance qui est dû à ces copies, il faut distinguer entre celles qui ont été faites par l'autorité du juge, partie présente ou duement appelée, ou qui ont été faites sans l'autorité du juge, mais en présence des parties; et celles qui ont été faites sans présence des parties, et sans qu'elles y aient été appelées par l'autorité du juge.

Les premières font foi pleine et entière entre les parties, leurs héritiers et successeurs, ainsi qu'aurait fait l'original lui-même. Les secondes ne font pas ordinairement une preuve entière contre les parties de ce qui est contenu en l'original, dans le cas où il serait perdu; mais seulement un indice ou commencement de preuve par écrit, qui peut faire admettre la preuve testimoniale.

Des titres récognitifs.

A la différence des titres primordiaux, ou autrement, des premiers titres passés entre les parties, et qui renferment l'obligation qu'elles ont contractée, les titres récognitifs sont ceux qui ont été passés depuis par les débiteurs, leurs héritiers ou successeurs.

On distingue les titres récognitifs en reconnaissances *excertâ scientiâ*, et en reconnaissances *informâ communi.*

Les reconnaissances *excertâ scientiâ*, sont celles où la teneur du titre primordial est relatée. Elles ont cela de particulier qu'elles équipollent au titre primordial, au cas qu'il fût perdu, et en prouvent l'existence contre la personne reconnaissante, pourvu qu'elle ait la disposition de ses droits, et contre ses héritiers et successeurs.

Les reconnaissances *informâ communi* sont celles où la teneur du titre primordial n'est pas relatée. Elles servent seulement à confirmer le titre primordial, et à interrompre la prescription; mais elles ne confirment le titre primordial qu'autant qu'il est vrai; elles n'en prouvent pas l'existence, et ne dispensent pas le créancier de le rapporter.

§ XXXIX.

Des quittances.

Avant de terminer ce que nous avons à dire des

preuves littérales, nous devons faire une observation particulière aux quittances, ou preuves littérales du paiement. Ou elles expriment la somme qui a été payée, sans exprimer la cause de la dette; ou elles expriment la cause de la dette, sans exprimer la somme payée, ou elles n'expriment ni l'une ni l'autre, ou elles les expriment toutes deux.

Les quittances qui expriment la somme payée, sans exprimer la cause de la dette, ne laissent pas d'être valables; et si, au tems où le débiteur a reçu une pareille quittance, il devait à son créancier plusieurs sommes pour plusieurs causes, il peut l'imputer sur celle des dettes qu'il avait le plus d'intérêt d'acquitter.

Les quittances qui expriment la cause de la dette, sans exprimer la somme payée, font foi du paiement de tout ce qui pourrait être dû à cette époque pour cette cause, mais ne saurait s'appliquer à toute autre dette.

Les quittances qui n'expriment ni la cause de la dette, ni la somme payée, tiennent lieu de quittance générale pour toutes les créances exigibles, que le créancier pouvait avoir à cette époque sur le débiteur.

Les quittances qui expriment et la cause de la dette et la somme payée ne font foi que pour la dette désignée, et jusqu'à concurrence de la somme reconnue. Il ne peut y avoir à cet égard aucune difficulté.

QUATORZIÈME LEÇON.

§ X L.

De la preuve testimoniale.

La preuve testimoniale est celle qui se fait par la déposition des témoins.

Quand est-elle admise?

La jurisprudence sur cette matière est fixée de la manière la plus claire et la plus précise par les articles II, III, IV et V du titre XX de l'ordonnance de 1667. Nous pouvons en déduire quatre principes fondamentaux :

1°. Celui qui a pu se procurer une preuve littérale, n'est pas admis à faire preuve testimoniale, lorsque la chose excède 100 fr., s'il n'a un commencement de preuve par écrit.

2°. Lorsqu'il y a un acte par écrit, ceux qui ont été parties, ni leurs héritiers et successeurs, ne peuvent être admis à la preuve testimoniale contre et outre cet acte, quand même la chose n'excéderait pas 100 f., s'il n'ont un commencement de preuve par écrit.

3°. On est admis à la preuve testimoniale des choses dont on n'a pu se procurer une preuve littérale, à quelques sommes qu'elles puissent monter.

4°. Lorsque par un cas fortuit et imprévu, avoué, entre les parties ou prouvé, la preuve littérale a été perdue, on est admis à la preuve testimoniale, à quelque somme que la chose puisse monter.

§ XLI.

Du commencement de preuve par écrit.

Pour aider à l'intelligence de ces principes, j'ajouterai qu'il y a commencement de preuve par écrit, 1°. lorsqu'on a contre quelqu'un, par un écrit authentique où il était partie, ou par un acte privé, écrit ou signé de sa main, la preuve, non à la vérité du fait total qu'on a avancé, mais de quelque chose qui y conduit ou en fait partie. 2°. Lorsque j'ai contre quelqu'un, par un écrit authentique où il était partie, ou par un écrit privé, signé de lui, la preuve qu'il est mon débiteur, sans avoir la preuve de la somme. 3°. Lorsqu'il y a écritures privées, non signées, mais écrites par celui contre qui on demande le supplément de la preuve testimoniale.

Lorsque la preuve testimoniale est admise, les témoins sont entendus devant le tribunal, ou par un juge délégué à cet effet. Il est dressé procès-verbal de leurs déclarations, et le tribunal prononce dans sa prudence.

De la récusation des témoins.

Toutes personnes néanmoins ne sont pas reçues en témoignage. On exclut celles qui sont privées de raison, comme les enfans et les insensés; celles qui ont encouru l'infamie par quelque condamnation; celles qui ont intérêt personnel à la décision de la cause, quoiqu'elles ne soient pas parties au procès ; les parens ou alliés de l'une ou l'autre des parties ; assez ordinairement les serviteurs et domestiques de l'une ou l'autre des parties; enfin ceux qui sont légitimement soupçonnés de subornation.

§ XLII.

De la confession.

La confession est l'aveu de celle des parties contre laquelle on veut prouver. Elle est judiciaire ou extrajudiciaire.

Judiciaire.

La première est l'aveu qu'une partie fait devant le juge, d'un fait sur lequel elle est interrogée, et dont le juge donne acte : elle fait pleine foi du fait qui est contesté, et dispense l'autre partie d'en faire la preuve.

Extra-judiciaire.

La seconde est celle qui se fait hors justice, soit dans une conversation, soit par une lettre missive, soit dans quelque acte qui n'a pas été passé exprès pour cette cause. Le degré de confiance qui est dû à cette sorte de preuve dépend de la teneur, du caractère, des circonstances même de l'aveu, ainsi que de la foi due aux personnes qui l'ont entendu et le répètent.

§ XLIII.

De la présomption.

La présomption est un jugement que la loi ou

l'homme porte sur la vérité d'une chose, par une conséquence tirée d'une autre chose. Il y en a de deux espèces : les simples présomptions de droit, et les présomptions de droit et du droit.

§ XLIV.

Des présomptions de droit.

Les simples présomptions de droit sont celles établies sur quelque loi, ou par argument de quelque loi ou texte de droit. Elles font la même foi qu'une preuve, et elles dispensent la partie, en faveur de qui elles militent, d'en faire aucune pour fonder sa demande ou ses défenses; mais elles n'empêchent la partie, à qui on les oppose, d'être reçue à faire la preuve du contraire.

Exemple : lorsque deux personnes ont contracté mariage dans un pays où la coutume admet la communauté de biens entre conjoints, il y a une présomption de droit qu'elles sont convenues de la communauté, telle que la coutume l'admet. La femme qui, en conséquence, demande part aux héritiers de son mari dans les biens qu'il a acquis, n'a pas besoin de faire aucune preuve de cette convention. Mais les héritiers, qui représenteraient un contrat de mariage portant séparation de biens, détruiraient, par cette preuve littérale et authentique, la présomption de droit.

§. XLV.

Des présomptions juris et de jure.

Les présomptions de droit et du droit, *juris et de jure*, sont celles qui font tellement preuve, qu'elles excluent toute preuve qu'on voudrait faire du contraire. Elles naissent ou de l'autorité de la chose jugée, ou du serment décisoire.

§ XLVI.

De l'autorité de la chose jugée.

La chose jugée, dont l'autorité peut établir une présomption de droit et du droit, est tout jugement définitif qui contient une condamnation ou un congé de demande.

Aux termes de l'ordonnance de 1667, tit. XXVII, art. V, pour qu'un jugement définitif passe en force de chose jugée, il faut qu'il soit rendu en dernier ressort, et qu'il n'y en ait pas appel, ou que l'appel n'en soit plus recevable, soit que les parties y aient formellement acquiescé, soit qu'elles n'en aient pas interjeté appel dans le tems, ou que l'appel ait été déclaré péri.

Ce jugement, surtout, doit n'être pas nul, c'est-à-dire, doit n'avoir pas été rendu contre la forme judiciaire. Or, un jugement est nul, 1°. lorsque l'objet de la condamnation qu'il prononce est incertain; 2°. lorsqu'il est rendu entre des parties incapables d'ester en jugement ; 3°. lorsqu'il a été rendu par un juge sans caractère ou incompétent.

Quelle foi fait-elle?

L'autorité de la chose jugée fait présumer vrai et équitable tout ce qui est contenu dans le jugement, et cette présomption exclut toute preuve du contraire : tellement, que la partie contre qui le jugement a été rendu n'est pas admise à offrir de justifier que le juge est tombé dans quelque erreur, même de simple calcul. Il y a plus : quand elle rapporterait des pièces décisives qu'elle n'aurait recouvrées que depuis, elle ne serait pas encore écoutée.

Contre qui, pour qui, sur quoi fait-elle foi?

Au surplus, l'autorité de la chose jugée n'a lieu, 1°. qu'entre les mêmes parties, entre lesquelles le jugement a été rendu : elle ne donne aucun droit ni à des tiers, ni contre des tiers étrangers. 2°. Qu'à l'égard de ce qui a fait l'objet du jugement.

Dans ce dernier cas, trois choses doivent concourir : 1°. Il faut que vous demandiez la même chose que vous aviez demandée par la première demande dont on m'a donné congé, *ut sit eadem res;* 2°. que, par la nouvelle demande, vous demandiez cette chose pour la même cause pour laquelle vous l'aviez demandée par la première, *ut sit eadem causa petendi;* 3°. que vous la demandiez dans la même qualité, et que vous la demandiez contre moi dans la même qualité dans laquelle nous procédions sur la première, *ut sit eadem conditio personarum.*

§ XLVII.

Du serment.

Le serment est l'attestation de la vérité d'un fait en présence de Dieu et de la loi. Il y en a de deux espèces en droit : le serment décisoire et le serment judiciaire.

Du serment décisoire.

Le serment décisoire est celui qu'une partie défère ou réfère à l'autre, pour en faire dépendre la décision de la cause. Il ne peut être déféré que sur ce qui est du propre fait de la partie, à qui on le défère; mais il peut l'être sur quelque espèce de contestation que ce soit, et dans quelque espèce d'instance civile que ce soit, avant comme depuis la contestation en cause, en cause d'appel comme en cause de première instance.

Le demandeur peut déférer le serment au défendeur toutes les fois qu'il croit n'avoir pas de preuve suffisante du fait qui sert de fondement à sa demande. Celui-ci, particulièrement, peut le déférer à celui-là, lorsqu'il n'a pas la preuve du fait qui sert de fondement aux défenses qu'il doit proposer contre la demande.

Qui peut le déférer ou le recevoir?

Comme on fait dépendre de ce serment la décision de la contestation et du droit des parties , il s'ensuit qu'il n'y a que ceux qui ont la disposition de leurs droits qui puissent déférer ce serment, et auxquels il puisse être déféré.

De ses effets.

Celui à qui le serment a été déféré doit le faire , ou le référer à celui qui le lui a déféré. S'il ne fait ni l'un ni l'autre , il perd sa cause.

Si la chose sur laquelle le serment a été déféré n'est pas du fait des deux parties , mais seulement de celle à qui il a été déféré , elle n'a pas le choix de le référer, et elle est tenue précisément de le faire, à peine de perdre sa cause.

Si la partie fait le serment qui lui a été déféré , il en résulte une présomption *juris et de jure*, de la vérité de la chose qu'elle a affirmée , contre laquelle aucune preuve contraire ne peut être reçue.

Si elle réfère le serment à sa partie adverse , celle-ci doit rendre son affirmation, à peine de perdre sa cause , et si elle la rend , ce qu'elle affirme est tenu pour avéré , sans qu'on puisse admettre aucune preuve du contraire.

Il est bien entendu que le serment décisoire ne fait foi que contre celui qui l'a déféré ou référé , et en faveur de celui qui l'a fait.

Du serment judiciaire.

Le serment judiciaire est celui que le juge défère de son propre mouvement à l'une des parties. Il y en a de deux espèces: 1°. Celui que le juge défère pour la décision de la cause; 2°. celui qu'il défère pour fixer et déterminer la quantité de la condamnation qu'il doit prononcer.

Le premier n'a lieu que par le concours de trois choses : 1°. Lorsque la demande ou les exceptions ne sont pas pleinement justifiées; 2°. lorsque la demande ou les exceptions, quoique non pleinement justifiées, ne sont pas néanmoins dénuées de preuves; 3°. alors seulement que le juge à une connaissance de la cause suffisante pour estimer s'il doit déférer le serment, et à laquelle des parties il doit le déférer.

Il y a lieu au second toutes les fois que le demandeur a justifié qu'il était bien fondé dans sa demande en restitution de certaines choses, et qu'il n'y a d'incertitude que sur la somme à laquelle le défendeur doit être condamné, faute de restitution desdites choses, dont la valeur n'est connue que du demandeur à qui elles appartiennent.

Exemple : un voyageur a déposé sa valise chez un aubergiste. La valise a été volée. Le dépôt est constant; le voyageur en demande restitution, et a seul connaissance du contenu de la valise. Que doit faire le juge, pour se déterminer sur la somme à laquelle il doit condamner l'aubergiste, faute de représenter la valise? S'en rapporter au serment du voyageur sur la valeur des choses contenues dans sa valise.

QUINZIÈME LEÇON.

PARAGRAPHE PREMIER.

Des contrats.

Les obligations peuvent naître de quatre causes principales : des contrats, des quasi-contrats, des délits et des quasi-délits. Nous parlerons d'abord des contrats.

Un contrat est une espèce de convention que presque tous les peuples ont revêtue de formalités particulières.

On appelle *convention* le consentement de deux ou de plusieurs personnes, soit pour former entre elles quelque engagement, soit pour en résoudre un précédent, soit pour le modifier. L'espèce de convention, qui a pour objet de former quelque engagement, est celle qu'on appelle *contrat*.

Ainsi, pour nous exprimer plus explicitement, un contrat est une convention par laquelle les deux parties, réciproquement, ou seulement l'une d'elles, promettent et s'engagent envers l'autre soit à lui donner quelque chose, soit à faire ou ne pas faire quelque chose.

J'ai dit *promettent et s'engagent* : car il n'y a que les promesses que nous faisons, avec l'intention de nous engager, et d'accorder à celui à qui nous les faisons le droit de nous y contraindre, qui forment un contrat.

§ II.

Des choses qui sont dans un contrat.

On distingue dans les contrats trois choses différentes : 1°. Les unes sont de leur essence ; 2°. les autres tiennent seulement à leur nature ; 3°. les dernières y sont purement accidentelles.

1°. *De celles qui sont de son essence.*

Les choses qui sont de l'essence du contrat sont celles sans lesquelles ce contrat ne peut subsister. Faute de l'une de ces choses, ou il n'y a point de contrat, ou il y a une autre espèce de contrat. Par exemple, dans la vente, il est de l'essence de ce contrat qu'il y ait une chose vendue, et un prix pour lequel elle est vendue ; dans le prêt, le mandat, le dépôt, qu'ils soient gratuits ; dans tous les contrats, que le consentement des parties intervienne.

2°. *De celles qui sont de sa nature.*

Les choses qui sont de la nature d'un contrat sont celles qui, sans être de son essence, en font néanmoins partie, quoique les contractans ne s'en soient pas expliqués, parce qu'il est de la nature de ce contrat qu'elles y soient renfermées et sous entendues. Par exemple: il est de la nature du contrat de prêt à usage que la perte de la chose prêtée, lorsqu'elle arrive par une force majeure, tombe sur le prêteur; mais, comme cela est de la nature et non de l'essence de ce contrat, on peut, par une clause du contrat, charger l'emprunteur de ce risque, jusqu'à ce qu'il ait rendu la chose.

3°. *Des choses qui lui sont purement accidentelles.*

Les choses purement accidentelles à un contrat sont celles qui, n'étant ni de son essence, ni de sa nature, n'y sont renfermées que par les clauses particulières qu'on y ajoute. Exemple: le terme accordé pour le paiement, la faculté de payer en plusieurs parties, celle de payer quelque autre chose en la place de la chose stipulée, de payer entre les mains d'une autre personne que celles du créancier, sont des choses purement accidentelles aux contrats.

§ III.

Des différentes espèces de contrats.

Les contrats se divisent, 1°. en synallagmatiques ou bilatéraux et unilatéraux; 2°. en consensuels et réels; 3°. en contrats intéressés de part et d'autre, de bienfaisance et mixtes; 4°. en contrats assujétis, par le droit civil, à certaines formes et à certaines règles, et en contrats qui se règlent par le pur droit naturel.

1°. Les contrats *synallagmatiques* ou *bilatéraux* sont ceux par lesquels chacun des contractans s'engage envers l'autre : tels sont la vente, le louage, etc. Les *unilatéraux* sont ceux par lesquels il n'y a que l'un des deux contractans qui s'engage envers l'autre, comme dans le prêt de consomption, qu'on appelle en droit *mutuum*.

2°. On appelle *consensuels* ceux qui reçoivent leur perfection par le seul consentement des parties, tels que ceux de vente, de louage, de société, etc. ; et *réels*, ceux dans lesquels, outre le consentement des parties, il est nécessaire qu'intervienne la tradition de la chose qui fait l'objet de la convention : de ce nombre sont le prêt, le dépôt, le nantissement.

3°. Les contrats *intéressés de part et d'autre* sont ceux qui se font pour l'utilité réciproque des deux parties : la vente, le louage, l'échange, etc.

Ils se subdivisent en commutatifs et en aléatoires. Dans les *commutatifs*, chacun donne et reçoit l'équivalent, ainsi que dans la vente et le louage. Dans les contrats *aléatoires*, l'un, sans rien donner de sa part, reçoit quelque chose de l'autre, non par libéralité, mais pour prix du risque qu'il a couru : tels sont les contrats d'assurance et de grosse aventure.

Les contrats de *bienfaisance* sont ceux qui ne se font que pour l'utilité de l'une des parties, comme le prêt à usage, le prêt de consomption, le dépôt, le mandat.

Les contrats *mixtes* sont ceux par lesquels une des parties, en accordant un bienfait à l'autre, en exige quelque chose au-dessous de la valeur qu'elle lui donne : telles sont les donations faites sous quelque charge imposée au donataire.

4°. Sont assujétis, par le droit civil, à certaines règles et à certaines formes, les contrats de mariage, de donation, de change. Tous les autres ne sont soumis par la loi, du moins quant à leur substance, à aucune forme arbitraire : il suffit que, dans leurs clauses, ils ne contiennent rien de contraire aux lois et aux bonnes mœurs.

§ I V.

Des personnes capables de contracter.

Pour contracter, il faut être capable de consentir et avoir l'usage de sa raison. Ainsi, les enfans, les foux, les insensés ne peuvent contracter par eux-mêmes, mais seulement par le ministère de leurs tuteurs ou de leurs curateurs. Les corps et communautés ne peuvent contracter que par le ministère de leurs syndics et administrateurs. L'ivresse portée au point de perdre la raison rend la personne, qui est en cet état, incapable de consentir. Les femmes en puissance de mari ne peuvent ni s'obliger, ni obliger les autres envers elles ; au lieu que les interdits pour cause de prodigalité, les mineurs peuvent obliger les autres envers eux : seulement, ils ne peuvent pas s'obliger sans l'autorisation de leurs tuteurs ou curateurs.

§ V.

De l'objet des contrats.

Nous avons vu par la définition que tout contrat a pour objet ou une chose que l'une des parties contractantes stipule qu'on lui donnera, et que l'autre promet de lui donner, ou quelque fait que l'une stipule que l'on fera ou que l'on ne fera pas, et que l'autre promet de faire ou de ne pas faire. Et nous avons vu, précédemment, quelles choses et quels faits peuvent être la matière d'une obligation, et dès lors d'un contrat.

§ VI.

Nul ne peut stipuler ou promettre que pour soi.

Nous ajouterons, comme principe fondamental, qu'on ne peut valablement stipuler et promettre que pour soi.

Mais ce n'est pas stipuler pour un autre que de dire que la chose, qui est l'objet de l'obligation, sera délivrée ou payée à une tierce personne indiquée par la convention.

C'est stipuler pour soi que de faire promettre à l'autre partie qu'elle fera quelque chose pour un tiers, lorsque le stipulant a un intérêt personnel et appréciable, à prix d'argent, que cela se fasse.

C'est stipuler ou promettre pour nous-mêmes, et non pour autrui, lorsque nous stipulons ou promettons pour nos héritiers, puisqu'ils sont, en quelque sorte, la continuation de nous-mêmes. Il y a plus : non-seulement nous pouvons valablement stipuler pour nos héritiers, mais nous sommes censés l'avoir fait, quoique cela ne soit pas exprimé; excepté, 1°. lorsque ce qui fait l'objet de la convention est un fait personnel à celui envers qui l'obligation est contractée ; 2°. à l'égard de la clause des contrats de mariage, par laquelle la femme stipule la reprise de son apport, en cas de renonciation à la communauté; 3°. lorsqu'on s'est expliqué clairement par la convention que le promettant ne s'obligeait qu'envers la personne même avec laquelle il contractait, et non envers les héritiers.

Enfin, ce que nous stipulons par rapport à une chose qui nous appartient, nous le pouvons valablement stipuler, non-seulement pour nous et nos héritiers, mais pour tous nos successeurs à titre singulier de cette chose, lesquels sont compris sous le terme d'*ayants-cause*. Ce n'est point alors stipuler pour un autre.

Au surplus, s'il est vrai que donner à un tiers, faire quelque chose pour un tiers, et généralement tout ce qui ne concerne pas l'intérêt personnel du stipulant, ne peut, à la vérité, être l'objet du contrat, au moins cela peut-il entrer dans un contrat comme condition. Je puis stipuler très-utilement que, si dans tel tems, vous ne donnez pas à un tel les ouvrages de Pothier, vous me donnerez 100 livres.

§ VII.

Des différens vices des contrats.

Les contrats peuvent être viciés de six manières : par l'erreur, par la violence, par le dol, par la lésion, par le défaut de cause dans l'engagement, par le défaut de lien.

De l'erreur.

1°. L'erreur est le plus grand vice des conventions ; car elles ne sont formées que par le consentement des parties, et il ne peut y avoir de consentement lorsque les parties ont erré, soit sur la chose qui fait l'objet de la convention, soit sur ses qualités essentielles, soit sur la personne de l'un des contractans.

De la violence.

2°. Le consentement qui est de l'essence de tous les contrats doit être entièrement libre, en sorte que, s'il est extorqué par violence, le contrat est vicieux. Néanmoins, il n'en est pas de la violence comme de l'erreur : cette dernière rend le contrat absolument nul ; la première l'infecte seulement d'un vice qui peut le faire annuller.

Du dol.

3°. Le dol est toute espèce d'artifice dont quelqu'un se sert pour tromper un autre. Il ne rend pas le contrat essentiellement nul, parce qu'un consentement surpris n'en est pas moins un consentement; mais le contrat est vicieux, et la partie qui a été surprise peut, dans un certain délai, le faire rescinder. Nous parlerons plus amplement, au contrat de vente, des deux espèces de dol qui peuvent faire rescinder un contrat.

De la lésion.

4°. La lésion que souffre l'un des contractans, quand même l'autre n'aurait eu recours à aucun artifice, est seule suffisante pour rendre un contrat vicieux; car l'équité ne permet pas que l'égalité soit blessée dans les conventions, et que l'une des parties donne plus qu'elle ne reçoit. Depuis la loi du 14 fructidor an III la lésion n'est plus un motif de rescision des contrats. Néanmoins nous en traiterons au contrat de vente : ce moyen de rescision pouvant être rétabli par le nouveau code civil.

Du défaut de cause.

5°. Tout engagement doit avoir une cause honnête. Dans les contrats intéressés, la cause de l'engagement de l'une des parties est ce que l'autre s'oblige de donner ou de faire. Dans les contrats de bienfaisance, la libéralité que l'une des parties veut exercer envers l'autre, est une cause suffisante de l'engagement qu'elle contracte. Mais, lorsqu'il n'y a pas de cause, ou ce qui est la même chose, lorsque la cause est fausse, le contrat est nul; et même si l'obligation qui en résulte avait été accomplie, j'aurais une action pour me faire rendre ce que j'aurais donné. Il en est de même si la cause du contrat blesse la justice, la bonne foi, ou les bonnes mœurs.

Du défaut de lien.

6°. Il est de l'essence des contrats de produire, dans la personne qui a fait une promesse, une obligation qui la force à s'en acquitter. Si donc on suppose que, par le même acte, l'un des contractans s'oblige à donner une chose et se réserve l'entière liberté d'accomplir ou non, sa promesse, ce contrat renferme une véritable contradiction, et devient nul faute de lien.

§ VIII.

Des principales règles à observer pour l'interprétation des contrats.

Tout contrat doit être clair et précis. Mais il peut s'y glisser quelques ambiguités, quelques négligences, quelques obscurités. Dans ce cas, voici les principales règles à observer pour leur interprétation :

1°. On doit avoir plus d'égard à l'intention des parties qu'au sens grammatical des termes.

2°. Toute clause ambigue doit s'entendre plutôt dans le sens où elle doit avoir quelque effet, que dans celui où elle ne pourrait en avoir aucun.

3°. Lorsqu'une clause est susceptible de deux sens, on doit l'expliquer dans celui qui convient le plus à la nature du contrat.

4°. Les choses douteuses s'interprètent par l'usage du pays.

5°. Les choses d'usage n'ont pas besoin d'être exprimées.

6°. Une clause obscure s'interprète par les autres clauses de l'acte qui la précèdent ou la suivent.

7°. Dans le doute, une clause obscure doit toujours s'interpréter contre celui qui a stipulé, et à la décharge de celui qui a contracté l'obligation.

8°. Quelque généraux que soient les termes d'une obligation, ils n'ont jamais de rapport qu'aux objets sur lesquels les parties se sont proposé de contracter, et non sur ceux auxquels elles n'ont pas pensé.

9°. La convention faite sur une universalité de choses comprend toutes celles qui la composent, même celles dont les parties n'auraient pas eu connaissance.

10°. L'expression d'un cas, afin de lever tout doute, s'il vient à arriver, ne restreint pas une clause à l'étendue de ce cas seulement, elle doit s'entendre également de tous ceux qui ne sont pas exprimés.

11°. Une clause conçue au pluriel se distribue souvent en plusieurs clauses singulières.

12°. Ce qui est à la fin d'une phrase se rapporte ordinairement à toute la phrase, et non pas seulement à ce qui précède immédiatement, pourvu, néanmoins, que cette fin convienne en genre et en nombre à toute la phrase.

Nous avons cru ne devoir exposer que très-sommairement les principes généraux des contrats : nous proposant de traiter de chaque contrat en particulier, nous reviendrons sur les principes, en les appliquant à chaque contrat.

FIN DU SECOND CAHIER.

NOTICE DU TROISIÈME CAHIER.

Le troisième cahier, qui est sous presse, traitera,

1°. Du contrat de vente;

2°. De quelques espèces particulières de vente;

3°. Des principaux actes équipollens à vente;

4°. Du louage;

5°. Du bail emphithéotique;

6°. Du bail à rente;

7°. Du louage maritime;

8°. Du mandat.

9°. Du dépôt;

10°. De la société.

TABLE

DES

MATIÈRES.

FIN DE LA TABLE.

www.ingramcontent.com/pod-product-compliance
Ingram Content Group UK Ltd.
Pitfield, Milton Keynes, MK11 3LW, UK
UKHW021310190726
13839UKWH00007B/579

9 782329 607665